스포츠, 윤리를 마주하다

Sport

박성주 · 임다연 · 이승훈
장재용 · 안재찬

지음

 북수힐

차 례

머 리 말

프로야구 8회말 공격에서 K팀의 주축 타자인 3, 4번 타자가 연달아 몸에 맞는 공으로 출루한다. 8-1로 크게 지고 있는 상황에서 나온 연이은 몸에 맞는 볼이라 K팀은 상당히 기분이 상했다. 팀의 주축인 두 선수가 몸에 맞는 볼로 출루했지만 점수를 내지 못하고 9회로 넘어갔다. 9회초 수비에서 K팀의 감독과 팀 동료들은 P투수에게 상대팀 주축 선수인 4번 타자에게 보복성 빈볼을 던지라고 지시했다. 마운드에 선 P투수는 고민에 빠졌다. 팀 동료 선수들이 상대 투수에게 두 번이나 몸에 맞았는데, 우리 팀 투수로서 가만히 있는 것은 팀 전체 분위기와 사기를 떨어트리고 동료애가 없는 행위라는 생각이 들었다. 하지만 한편으로는 아무 잘못이 없는 상대 타자에게 위협을 가하거나 부상을 입힐 수 있는 빈볼을 던지는 것은 아무리 스포츠라고 해도 인간적으로 옳지 않은 행위라는 생각이 들었다. P투수는 어떤 선택을 해야 하는가? 어떤 선택이 올바른 것인가?

만약 당신이 이 상황의 P투수라면, 당신은 어떤 선택을 할 것인가? 위의 사례처럼 실제로 스포츠선수나 지도자는 매우 복잡하고 때로는 서로 다른 의무들이 충돌하는 상황에 직면하게 된다. 이러한 고민들은 결코 쉽거나 만만하지 않다. 왜냐하면 일반 사회에서는 분명히 폭력으로 규정되는 공격행위들도 특정 종목의 스포츠상황에서는 정당하고 당연한 행위로 인정되기 때문이다. 즉, 일반 사회에서 일탈적이고 극단적인 행동들이 스포츠상황에서는 적극적으로 수용되는 경우가 많다. 그렇다고 스포츠세계 안에서 널리 용인되는 관행이라고 해서 우리사회의 일반적 도덕적 잣대로부터 완전히 면제되어서도 안 된다. 따라서 스포츠선수나 지도자는 어떤 선택을 해야 하고, 어떻게 행동해야 할지 혼란스러울 수밖에 없다. 일반 사회의 도덕적 직관이나 윤리적 지침만으로는 스포츠에서 발생하는 윤리적 문제를 온전히 해결할 수 없기 때문에 보편적으로 적용되는 규범이 아닌 스포츠 속에서 실재로 작동하고 있는 도덕적 규범을 다룰 수 있는 특화된 방식이 필요하다. 스포츠라는 특수한 환경 속에서는 어떤 행위가 옳고 그르며, 또 그것을 어떻게 판단해야 하는가와 관련한 사고체계와 행동지침이 무엇보다 필요하다. 이러한 구체적이고 현실적인 필요성이 바로 스포츠윤리의 등장을 재촉하게 만들었다.

그렇다면 스포츠에 왜 윤리가 필요한 것일까? 냉정한 승부의 세계가 된 오늘날 스포츠에서 윤리가 무슨 의미가 있을까? 사실 스포츠와 윤리가 과연 공존할 수 있는지 의문이다. 왜냐하면 윤리는 타인의 입장을 고려하는 이타적인 태도를 요구하는 반면, 스포츠는 인간의 본성에서 나타나는 타인과 경쟁해 이기겠다는 강한 동기와 자기 이익에 대한 집착을 강하게 요구하기 때문이다. 그럼에도 불구하고 스포츠는 윤리와 불가분의 관계를 맺는다. 스포츠는 우리사회의 문화와 관습이 반영되어 발전해온 문화와 전통의 소산이라 할 수 있다.

그래서 혹자는 스포츠를 당대의 삶과 사회를 반영하는 '사회의 거울' 혹은 '인생의 축소판'이라 표현하기도 한다. 우리는 매 순간 무엇이 더 중요하고 덜 중요한지, 무엇이 더 우선이고 나중인지 등의 가치판단을 하며 살아가고, 또 우리가 내린 판단이 옳은 결정이기를 바란다. 우리가 내린 선택과 결정의 옳고 그름을 판단하고, 바람직한 것과 바람직하지 못한 것을 구별하는 작업이 바로 윤리의 역할이다. 오늘날 우리사회에서는 결과를 얻기 위한 과정이 공정하고 정당해야 그 결과에 대해 사람들의 인정과 지지를 얻을 수 있다. 이는 스포츠에서 더욱 그러하다. 경기에서 승리하더라도 그 과정이 공정하고 정당하지 않았다면 그 승리는 박수와 인정보다는 야유와 비난을 받는다. 따라서 스포츠에서 윤리는 본질적 차원뿐만 아니라 수단적 차원에서도 중요한 의의를 갖는다.

오늘날 스포츠는 현대인의 단순한 취미를 넘어서 이제는 중요한 생활의 일부분이고 영향력을 가진 하나의 문화로 자리 잡았다. 더욱이 우리나라는 2018년 평창 동계올림픽을 개최하면서 프랑스, 독일, 이탈리아, 일본, 러시아와 함께 세계 4대 주요 국제스포츠 이벤트를 모두 개최한 국가가 되었다. 그러나 이러한 스포츠산업의 성장과 대중적 인기의 이면에는 스포츠선수나 지도자의 (성)폭력 사건을 비롯해 음주운전, 도핑, 승부조작, 심판매수, 불법도박 등 도덕적 해이와 관련된 사건들이 끊이지 않고 발생하고 있다. 이러한 비윤리적인 문제들을 예방하고 건전한 스포츠정신을 확립하기 위해 스포츠윤리에 대한 필요성이 대두되었다. 또한 시대와 사회의 변화에 따라 스포츠에서도 새로운 윤리적 물음이 제기되고, 이러한 윤리적 물음을 학문적, 특히 윤리학적으로 해명하여 그 해결책을 탐구하는 스포츠윤리학에 대한 관심이 높아졌다.

스포츠에서 윤리의 중요성이 어느 때보다 절실해지고 있고 선수, 지도자, 심판에 대한 스포츠윤리교육의 필요성이 강하게 요구되고 있지만, 그 필요성과 중요성에 비해 스포츠윤리 관련 전문 지식이나 실질적인 교육콘텐츠를 제공하는 학술자료는 여전히 부족한 실정이다. 이 책은 이러한 문제의식에서 출발하였다. 우리사회의 스포츠윤리에 관한 관심과 요구에 부응해야 한다는 측면에서, 이 분야 연구자들의 역할은 스포츠윤리 연구를 더욱 확대시키고 스포츠현장에서 실질적으로 유용하게 활용할 수 있는 콘텐츠를 제공해주는 것이라는 데에 마음을 모은 5명의 스포츠철학 교수가 집필진으로 참여하였다.

이 책은 총 6장으로 구성되어 있다. 1장은 스포츠윤리학의 기본적 이해를 돕기 위한 설명으로 구성하였고(박성주 제), 2장은 스포츠윤리에서 핵심 개념 중에 하나인 공정성에 대한 내용을 담았다(임다연 제). 3장에서는 가장 논쟁적인 주제라 할 수 있는 도핑의 윤리적 쟁점에 대해 상세히 설명하였고(박성주 제), 4장에서는 다소 생소할 수 있지만 오늘날 스포츠가 반드시 고민해야 할 중요한 이슈인 스포츠와 동물윤리에 관한 내용으로 구성하였다(이승훈 제). 5장에서는 전 세계적으로 환경윤리의 중요성이 강조되고 있는 만큼 스포츠와 환경윤리에 관한 주제를 다루었고(장재용 제), 마지막으로 6장에서는 장애인스포츠에서 발생하는 윤리적 이슈와 쟁점, 그리고 관련 법률에 관한 내용으로 구성하였다(안재찬 저). '윤리'라는 단어는 일상적으로 많이 사용되기는 하지만 깊이 파고들기에는 부담스러운 용어이다. 독자들의 이러한 부담을 떨치게 하기 위해 조금 더 쉽게 정리된 글을 통하여 전문적 깊이를 더하고자 하는 것이 집필진의 목표 중 하나다.

말과 글에는 쓰고 나면 다시 거둘 수 없다는 책임의 무게가 실린다. 그런 점에서 이 책의 여러 부족한 점이 마음에 걸린다. 하지만 대학 강단에서 스포츠윤리를 가르치고 있는 사람들로서 일말의 책임감을 갖고 조금 부족할지언정 책을 집필하는 것이 더 낫다는 판단에 이르렀다. 연구의 일천함으로 인해 아직 미완성된 형태이지만 차후 지속적으로 보완할 것을 약속드린다. 이 책을 읽으시는 여러분의 많은 지도편달이 다음의 집필과 연구에 밑거름이 되고, 스포츠계 내에서 풍성한 스포츠윤리 담론이 형성되는 데에도 큰 도움이 되리라 본다. 이 책의 출간이 미력하나마 스포츠윤리 관련 저술 작업과 스포츠윤리교육 콘텐츠 개발 연구의 활성화에 일조할 수 있기를 기대해 본다.

책을 집필하는 데 참여해 주신 교수님들께 다시 한 번 마음으로부터 감사를 드린다. 끝으로 이 책을 출판하기까지 정성을 다해 도와주신 도서출판 《북스힐》 관계자 분들께도 감사의 마음을 전한다.

2023년 6월
집필진을 대신하여
박 성 주

01

스포츠윤리학의 기초

박 성 주

01

/

스포츠윤리학의 기초*

들어가며

등수	이름	금	은	동	
1	3학년 B	2	1	0	입학가능
2	3학년 C	1	2	0	진학가능
3	3학년 D	2	1	0	입학가능
4	1학년 E	0	1	2	
5	3학년 A	0	0	0	메달없음
6	2학년 F	0	0	1	
7	2학년 G	0	1	0	
	학년 H	2	0	1	

    K체고 수영부 이강직 코치는 올해 마지막 전국대회인 대통령배 수영대회에
선수들을 인솔하여 출전하였다. 고등학교 3학년 선수들에게 이번 대회는 대학
진학 및 실업팀 입단에 필요한 실적을 쌓을 수 있는 마지막 기회다. 대회에 참가
한 대부분의 3학년 선수들은 올해 수상실적을 차곡차곡 쌓아 자신이 원하는 곳으
로 진학과 입단이 가능하다. 하지만 유일하게 A선수가 올해 참가한 대회에서 메달

---

* 저자의 논문, 『스포츠윤리학의 역사와 과제, 그리고 전망(2019)』에서 일부를 발췌하여
  활용하였음

실적이 없다. 이번 대회 개인전에서 꼭 메달을 획득하기를 바랐지만, 안타깝게도 4위에 머물렀다. 이제 단체전 경기만 남은 상태다. 기록이 우수한 선수들로 구성된 K체고는 큰 이변이 없는 한 단체전 우승이 확실시 되는 팀이다. 이제껏 K체고는 개인 기록 순대로 단체전 멤버 4명을 구성해왔다. 그런데, A선수의 올해 기록은 전체 선수들 중에 5위에 해당한다. 원칙대로라면 A선수는 단체전 멤버로 들어갈 수 없다. 그러면 올해 전국대회 메달 하나도 없이 시즌을 마치고, 결국 진학과 실업팀 입단 모두 어렵게 된다. A선수는 재능이 뛰어나고 무척 성실한 선수다. 하지만 가정형편이 어려운데다, 입원해 있는 어머니의 병원비를 마련하고자 아르바이트를 병행하다 보니 올해 기록이 저조했다. 이를 누구보다도 잘 알고 있는 이강직 코치는 너무나 안타까운 심정이다. 이강직 코치는 깊은 고민에 빠졌다. 기록상 상위 4번째 선수는 올해 입학한 1학년 선수이다. 아직 기회가 많은 1학년 대신 A선수가 멤버로 들어가도 메달은 무난히 획득할 수 있는 전력이다.

만약 당신이 이강직 코치라면 어떤 선택을 할 것인가? 어려운 상황을 겪고 있는 제자 A선수의 미래를 위하여 단체전에 출전시켜 메달을 획득할 수 있는 기회를 줄 것인가, 아니면 A선수의 사정은 안타깝지만 억울한 희생이 없어야 하고 기록경기인 만큼 상위 기록 순서대로 단체전 출전선수를 구성할 것인가? 또는 만약 당신이 1학년 선수라면 어떤 선택을 할 것인가? 어려운 상황을 겪고 있는 선배 A선수의 미래를 위하여 단체전 출전을 선배에게 양보해 줄 것인가, 아니면 나의 메달 실적도 중요하기에 선배의 사정은 안타깝지만 개의치 않고 원칙대로 단체전에 출전할 것인가?

우리는 매 순간 선택의 삶을 산다고 해도 과언이 아니다. 또한 우리가 내린 결정이 옳은 선택이기를 바란다. 그렇다면 어떤 선택을 옳은 선택이라고 하는가? 어떤 행위가 올바른 행위인가? 이때 판단의 기준이 되는 것이 바로 '윤리'이다. 그리고 우리가 내린 선택과 결정의 옳고 그름을 판단하고, 바람직한 것과 바람직하지 못한 것을 구별하는 작업이 윤리의 과제이다. 위의 사례처럼 실제로 스포츠선수나 지도자는 서로 다른 의무들이 상충하는 상황에 빈번히 부딪히게 된다. 그렇다면 이런 윤리적 딜레마에 봉착한 스포츠선수나 지도자의 고민은 어떻게 해결될 수 있을까? 이러한 윤리적 고민들은 결코 간단하거나 쉽지 않다. 우리는 성장하면서 부모님으로부터 많은 도덕 규칙을 듣고 배운다. 그리고 학교에서의 교육이나 종교를 통해서 옳은 것이 무엇인가에 대한 가르침을 받기도 한다. 하지만 스포츠현장은 일반사회와는 분명 구별되는 또 다른 영역이고, 그래서 다소 다른 윤리적 모순과 갈등의 문제가 발생한다. 따라서 일상에서 습득한 도덕적 직관이나 윤리적 지침만으로는 문제를 온전히 해결할 수 없기 때문에 스포츠 속 윤리적 문제에 관한 새로운 접근방식이 필요하다. 더욱이 스포츠선수나 지도자의 선택이 때론 대중의 일상적인 삶과 나아가 우리사회에 직접적으로 중대한 영향력을 발휘하기도 한다. 이처럼 구체적이고 현실적인 필요성이 바로 스포츠윤리의 등장을 재촉하게 만들었다.

스포츠윤리의 필요성은 스포츠에서 발생하는 다양한 윤리적 상황에서 스포츠인들이 최선의 선택과 결정을 내릴 수 있도록 돕는 데 있다고 할 수 있다. 이번 장에서는 스포츠윤리가 다루고 있는 구체적인 주제에 접근하기 이전에 스포츠윤리란 무엇이며, 그것이 왜, 언제, 그리고 어떻게 등장하게 되었는지에 대해 우선적으로 알아보고자 한다.

1. 윤리란?

윤리ethics의 어원은 관습이나 습관을 의미하는 고대 그리스어 에토스ethos에서 유래되었다. 그리고 에토스ethos는 라틴어 mos/moris로 번역되었고, 이것으로부터 '도덕적'을 뜻하는 영어 'moral'이라는 형용사가 만들어졌다. 따라서 어원적인 측면에서 본다면, '윤리적'ethical이란 말과 '도덕적'moral이란 말은 유사한 의미를 지닌다. 일반적으로 윤리와 도덕을 구분하지 않고 동일한 의미로 혼용하는 경향이 있으나, 전문적 철학 담론에서는 도덕과 윤리는 분명 다른 의미를 갖고 있는 용어이다. 우리말 사전에는 도덕(道德)이란 '인간으로서 마땅히 지켜야 할 도리, 그리고 그에 준한 행위'로, 윤리(倫理)는 '사람이 지켜야 할 도리, 실제의 도덕규범이 되는 원리'로 풀이되어 있다. 가령 '선생님을 마주치면 인사를 해야 한다'는 도덕이고, '선생님을 마주치면 왜 인사를 해야 하는 것인가'에 대해 그 근거와 원리를 따져보는 것은 윤리라고 할 수 있다. 즉, 도덕이란 용어는 사람이 사람으로서 마땅히 따라야 할 행동 원칙들을 가치판단 없이 기술적으로 서술한 것을 뜻한다면, 윤리라는 용어는 그러한 행동 원칙들이 과연 옳은가 그른가를 비판적으로 검토하고 따지는 작업을 의미한다.

도덕과 윤리는 기본적으로 유사한 의미를 지니고 있어 엄격히 구분되지 않고 사용되는 경우가 일반적이지만, 애써 구별한다면 도덕적인 사람이란 옳다고 생각하는 것을 행하는 사람이고 윤리적인 사람이란 무엇이 옳은지를 아는 사람이라고 표현할 수 있다. 또한 도덕은 어떤 사회에서 보편적으로 받아들이고 있는 행동관습의 기준인 반면 윤리는 특정 사회나 직업에서 지키는 도덕이다. 달리 말하면, 도덕은 만인을 대상으로 하는 보편적인 생활에서의 원리를 말한다면, 윤리는 만인의 보편성보다는 하나의 대상을 특수한 방향에서 관찰하여 평가하는 철학적인 사변성이 짙다. 이 때문에 윤리는 개인적이고 사회적인 도덕경험을 개념화하여 체계화시킨 것이며, 도덕의 근거에 대해 묻는 비판적 탐구라고 할 수 있다.

2. 스포츠윤리란?

　올림픽 요트종목에 출전한 A선수. A선수는 누구보다 열심히 노력하는 선수이지만, 아쉽게도 매번 메달은 따지 못했던 선수이다. 하지만 최근 절정의 기량을 보이며 출전한 각종 대회에서 상위권에 이름을 올렸다. 특히 이번에 참가한 올림픽에서 메달 기대주로 많은 사람들의 관심과 응원을 받고 있다. A선수는 예선전을 무난히 통과하고, 최종 결승전까지 오르게 되었다. A선수는 결승전 시합에서도 2위로 달리고 있었다. 그러던 도중 갑작스런 강한 바람으로 인해 앞에서 1위로 달리고 있던 B선수의 요트가 전복되는 상황이 발생했다. 이대로라면 A선수는 전복된 B선수를 제치고 결승점을 통과해 꿈에 그리던 올림픽 금메달을 생애 처음으로 목에 걸 수 있다. 그러나 A선수는 고민에 빠지게 된다. 현재 강한 바람으로 인해 B선수를 그대로 두다가는 위험한 상황에 놓일 수도 있겠다는 생각이 들었다. 게다가 두 선수가 선두 그룹이었던 탓에 의무보트 역시 굉장히 먼 뒤쪽에 위치하고 있었다. 승부의 세계이기 때문에 A선수는 B선수를 지나쳐 그대로 결승점을 통과해 자신의 꿈인 금메달을 획득해야 할까? 그래도 우선 위험에 처한 B선수를 돕는 것이 스포츠선수로서 마땅한 행동일까?

우리는 일상생활에서 '이상과 현실은 다른 거야!', '맞는 말이긴 한데, 어디 현실이 그런가?'라는 말을 종종 듣곤 한다. 즉, 해서는 안 된다는 것을 알고 있고, 또 하지 말아야 한다고 생각하면서도 그냥 일상의 관행에 따라 자신의 선택을 합리화하며 행동하는 경우가 많다. 어떤 윤리적 상황에 직면했을 때, 우리의 선택과 결정이 도덕적으로 마땅히 해야 하는 행위와 항상 일치하지는 않는다. 또한 좋은 목적은 가졌지만 그 목적을 위한 수단의 선택은 옳지 않을 때가 흔히 있다. 이것을 윤리적 당위(맞는 말)와 윤리적 실제(현실이 어디 그런가)간의 모순과 갈등이라고 표현할 수 있다.[1]

위의 요트 선수의 사례처럼 스포츠에서도 윤리적 모순과 갈등은 너무나 많이 존재한다. 어찌 보면 스포츠와 윤리는 상반되는 것 같기도 하다. 윤리의 기본이 타인의 입장도 생각하는 것이라는 점에서 윤리는 이타적인 성격이 강하다. 반면에 오늘날 스포츠는 냉정한 승부의 세계가 되었다. 사람은 본능적으로 남과 경쟁해 이기겠다는 강한 동기를 가지고 있다. 그리고 스포츠는 인간의 본성에서 우세하게 나타나는 자기 이익에 대한 집착이 강하게 드러나는 곳이다. 그렇기에 스포츠에서는 좋음의 목적과 옳음의 수단이 대립되는 경우가 빈번히 발생하고, 선수나 지도자는 좋은 목적과 옳은 수단 가운데 하나를 우선적으로 선택할 수밖에 없는 상황에 놓인다. 따라서 스포츠윤리란 우리가 지향해야 할 윤리적 이상의 당위를 응용하여 스포츠 속 행위와 현상에 어떻게 적용하고 정당화할 것인지에 관한 방법을 탐구하는 것이다. 즉, 스포츠윤리의 핵심 과제는 윤리적 당위와 스포츠의 실제적 가치간의 모순과 갈등의 문제를 해결하는 데 있다.

3. 학문으로서의 스포츠윤리

정부는 학생선수가 일정 수준의 학력기준에 도달하지 못할 경우 대회 출전을 제한할 수 있는 최저학력제도를 시행했습니다. 여러분은 어떻게 생각하세요?

강직 : 운동만으로 프로팀이나 실업팀에 갈 수 있는 학생선수는 소수에 불과합니다. 이들 소수의 학생들은 불만이겠지만, 대다수의 학생선수들을 위해서라도 필요한 제도 같아요. 학생선수들이 운동을 중도에 포기하거

나 은퇴를 하더라도 다양한 직업선택을 할 수 있도록 일정 수준의 학업 성적에 미치지 못하면 대회출전을 금지함으로써 공부를 제도적으로 강제해야 한다고 생각합니다.

은혜 : 공부만 잘 하는 학생에게 건강을 위해 운동을 하라고 강요하지 않잖아요! 일반학생에게는 없는 최저학력제도를 운동선수에게만 실시하는 것은 형평성에 문제가 있어요. 운동으로 성공하기를 꿈꾸는 학생선수에게 공부를 강제하는 것은 개인의 진로선택에 대한 자율권을 침해하는 겁니다.

아영 : 강직과 은혜의 의견 모두 일리가 있는 것 같아요. 운동으로만 성공하기 어려운 현실을 감안할 때 학생선수들의 장래를 위해서라도 초등학교와 중학교에서는 어느 정도 강제성을 두고 공부에 대한 기초를 쌓도록 하고, 다만 고등학교에서는 이를 강제하지 않고 학생선수의 자율적 판단에 맡기도록 제도를 보완해야 합니다.

시우 : 최저학력제도가 옳으냐 그르냐를 떠나서 일단 이 제도 자체가 성립가능한지 의문입니다. 대체 '최저학력'의 의미가 무엇입니까? 무엇으로 학생의 지식이나 기술 따위의 능력이 최저라고 판단할 수 있습니까?

소은 : 실제 우리 학교에 학생운동선수는 47명이 있고, 이들이 운동과 학업을 병행하고 있는지 낱낱이 기록해봤어요. 두 달 동안 실태 조사한 결과, 운동도 하면서 공부를 열심히 하는 선수는 21명이 있었고, 나머지 26명은 공부를 소홀히 하고 있었어요.

윤리학ethics은 일반적으로 인간 가치의 본성에 관한 여러 가지 문제와 규범을 연구하는 학문이며, 도덕철학moral philosophy이라고 불리는 철학의 영역이다. 현재 다수의 철학자들은 연구 대상과 탐구 방법에 따라 윤리학을 크게 규범윤리학, 메타윤리학, 기술윤리학으로 구분한다. 규범윤리학normative ethics은 '어떤 행위가 옳은가, 어떻게 행동해야 하는가'를 주된 연구 주제로 삼는 윤리학이다. 규범윤리학은 다시 이

론 규범윤리학과 응용(실천) 규범윤리학으로 구분된다. 이론윤리학은 인간의 보편적 도덕 원리를 탐구하고, 이에 대한 이론적인 근거를 제시하려는 윤리학으로 공리주의utilitarianism, 의무론deontology, 덕 윤리virtue ethics 등이 여기에 해당된다. 응용윤리학applied ethics은 삶의 다양한 영역에서 발생하는 윤리적인 문제에 대하여 이론윤리학을 활용하여 구체적인 해결책을 모색하고자 하는 윤리학으로 생명윤리, 과학윤리, 직업윤리, 환경윤리, 그리고 스포츠윤리도 여기에 해당된다. 위에 제시한 가상의 '학생선수를 위한 최저학력제도 토론'에서 강직은 공리주의, 은혜는 의무론적 근거를 통해 자신의 생각이 옳다고 주장하고 있다. 강직과 은혜는 이론윤리학에 해당된다고 할 수 있다. 아영과 같이 이론윤리학을 적용하여 구체적인 해결방안을 제시하는 것이 바로 응용윤리학(실천윤리학)이다. 아영은 강직, 은혜와는 성격이 조금 다르기는 하지만, 세 사람 모두 최저학력제도에 대해 규범적 측면에서 '옳고 그름'을 따진다는 점에서 규범윤리학이라는 공통점을 갖는다.

메타윤리학meta ethics은 '선과 악, 옳고 그름'에 대한 가치판단을 연구하는 것이 아니라 '선하다, 악하다, 옳다, 그르다는 것의 의미는 무엇인가'를 규명하는 학문으로 도덕적 언어의 의미 분석과 도덕적 추론의 논리적 구조를 분석하는 데 관심을 두는 윤리학이다. 그런 이유 때문에 분석윤리학analytic ethics으로 불리기도 한다. 위의 예에서 시우가 여기에 해당된다. 시우는 최저학력제에 관한 규범이 옳은지, 그른지는 별 관심이 없어 보인다. 시우는 지식과 능력을 최저로 평가하는 것이 과연 정당한지, 그리고 '최저'라는 말의 의미가 모호하다는 점을 지적하며 최저학력제도에 관한 찬반 토론 자체가 성립할 수 없음을 주장하고 있다. 시우처럼 도덕적 언어의 의미를 분석하고, 도덕적 추론의 정당성을 검증하며, 윤리학의 학문적 성립 가능성을 모색하는 것을 메타윤리학이라 한다.

마지막으로 기술윤리학descriptive ethics은 도덕적 현상이나 문제를 있는 그대로 객관적으로 기술(記述)하고 도덕 현상들 간의 인과관계를 설명하는 가치중립적 연구를 수행하는 윤리학이다. 위의 토론에서 소은은 조금 엉뚱해 보이긴 하지만 다른 학생들과 달리 직접 두 달 동안 학교를 돌아다니며 학생선수가 전체 몇 명이 있고, 이들이 어느 정도로 학업과 운동을 병행하고 있는지를 꼼꼼하게 기록했다. 소은처럼 현상에 대해 가치나 당위를 따지지 않고 경험적이고 객관적으로 설명함으로써 이를 이해하려는 것을 기술윤리학이라고 한다.

스포츠윤리는 기본적으로 응용윤리학에 속한다. 모든 응용학문은 모(母)학문의 관점과 원리를 이용하여 특정한 분야 혹은 대상을 좀 더 체계적으로 이해하려는 학문이다. 윤리학은 어떤 사회의 문화나 구성원들이 공유하는 도덕적 이상들의 집합으로 나타나는 반면 스포츠윤리는 특정 분야, 즉 스포츠라는 특수한 상황에서 요구되는 규범이나 도덕적 기준을 다룬다. 물론 스포츠윤리는 일반윤리의 이론적 토대와 근거를 포함하지만 스포츠라는 특수한 환경 속에서 직면하는 윤리문제 해결의 원리나 행위지침을 제시해주는 규범체계라는 점에서 독자성을 지닌다. 학(學)으로서 스포츠윤리는 규범윤리학이 제시하는 도덕적 원리와 덕목에 기초하여 특별히 스포츠인의 행위에서 요구되는 도덕적 원리와 중요한 도덕적 덕목들에 대해 탐구하는 분야라고 할 수 있다. 달리 말해, 스포츠현상의 윤리적 실제에 관한 분석적인 접근을 시도하고 스포츠에 참여하는 사람들이 행동하는 데에 요구되는 행동원리와 도덕적 표준을 제시하는 실천학이라고 할 수 있다. 따라서 스포츠 상황에서 어떤 행동이 옳으며 어떤 목적이 좋은가를 결정할 수 있는 근본 원리를 탐색하는 것이 스포츠윤리의 과제이다.

4. 스포츠윤리학의 등장 배경과 역사

스포츠철학의 역사는 꽤 오래되었다고 할 수 있지만, 윤리학의 관점과 원리를 활용하여 스포츠 현상을 체계적으로 이해하고 설명하려는 스포츠윤리학의 역사는 그에 비해 최근의 일이다. 스포츠윤리학은 윤리학을 토대로 두고, 스포츠상황에서의 윤리적 판단 또는 윤리적 행동의 기준과 조건을 제시하기 위해 도덕의 본질적인 문제를 탐구하는 스포츠철학의 한 영역이라고 할 수 있다. 1970년대 스포츠선수들의 경기력향상약물에 의한 도핑 관련 사건들이 세계스포츠계의 주요한 이슈로 떠올랐고, 1980년대부터는 다양한 형태의 도핑뿐만 아니라 스포츠에서 동물의 권리, 폭력, 동성애, 평등, 인권, 정책 및 환경윤리에 이르기까지 폭넓은 주제에 관한 윤리적 담론이 형성되기 시작했다.[2]

오늘날 자본주의 경제체재 속에서 스포츠의 상업화가 급속도로 진행됨에 따라 스포츠의 본질과 정체성을 퇴색시키는 사건, 사고가 지속적으로 발생하며 스포츠현장에서 윤리적 판단이 필요한 상황들이 더욱 증가하게 되었다.[3] 미국 스포츠철학회는 1970년대 중반 이후 스포츠에서 발생하는 다양한 현상에 대한 윤리학적 논의를 본격적으로 다루기 시작했다. 굳이 스포츠윤리학의 시초라고 한다면 플라톤과 아리스토텔레스로 돌아가 그들이 체육(체조와 운동경기)을 통한 좋은(도덕적) 삶에 대해 언급한 문헌을 떠올릴 수 있다.[4] 우리가 오늘날 스포츠라 인식하는 매우 제도화된 상태는 대개 빅토리아 시대 영국에서 시작되었다고 여겨지며, 이 당시 스포츠 관련 텍스트에서 상당한 윤리적 성찰이 발견된다.[5] 스포츠윤리에 더욱 구체적으로 관련있는 자료는 피에르 드 쿠베르탱 남작의 성찰로서, 그의 방대한 글들에 올림피즘의 개념, 스포츠와 종교적 규범성, 풍성한 윤리적 내용을 가진 국제올림픽위원회의 공식적 이념과 철학이 담겨져 있다.[6]

학술적 개념을 갖추었다고 할 수 있는 스포츠윤리학 초기 상태의 자료는 1983년 스캇 크레츠마Scott Kretchmar의 글에서 발견할 수 있는데, 그는 스포츠 속 속임수와 도덕성, 스포츠맨십, 그리고 프렐리Fraleigh와 매킨토시McIntosh의 스포츠윤리와 관련된 몇몇 논문들을 다루었다. 최초의 스포츠윤리학에 관한 저서는 1984년 워렌 프렐리의 『스포츠에서 올바른 행동: 참가자를 위한 윤리(Right Actions in Sport: Ethics for Contestants)』로, 미국에서 스포츠철학회가 한창 활발히 운영되던 시기에 출판되었다. 이 책은 프렐리의 두 가지 주요 관심분야였던 철학과 체육교육을 합친 것이라 할 수 있다.[7] 프렐리는 스포츠참가자들에게 일관되고도 철학적으로 튼튼한 '의무시스템'을 만들어 주고자 했는데, 이 책은 이러한 분야의 고전이라 할 수 있다. 프렐리는 이 저서를 통해 스포츠의 도덕적 성격을 분석적으로 설명하려는 것 이상을 시도했는데, 스포츠선수, 코치 등 스포츠인들이 스포츠에 참여함으로써 갖게 되는 의무 체계에 관한 매우 명확한 규범적 비전을 제시했다. 이러한 의미에서 프렐리는 스포츠참여자들의 의무에 대해 설명했을 뿐 아니라 '좋은' 스포츠란 어떠해야 하는지 설명했다. 따라서 이 책은 의무론적 관심사와 목적론적 관심사를 모두 구현하고 있다. 무엇보다 이 책의 중요성은 스포츠경기의 성격에 따라 합리적으로 세워진 의무를 조직적이고 실용적으로 적용한 데 있다.[8]

　『스포츠에서 올바른 행동: 참가자를 위한 윤리』의 출판 직후 스포츠윤리학에 관한 두 번째 고전이라 할 수 있는 로버트 사이먼Robert Simon의 『스포츠와 사회적 가치들(Sports and Social Values)』이 1985년 출판되었다. 프렐리의 혁신적 책처럼, 사이먼은 당시 이 분야의 유일한 학술지인 스포츠철학 저널(The Journal of the Philosophy of Sport)을 지배하던 경쟁, 게임, 스포츠에 관한 단순한 개념적 분석을 넘어 개념적 분석과 규범적 분석을 결합시키고자 했다. 사이먼의 책은 이후 최근까지도 수정판이 출간되고 있지만, 핵심구성과 메시지는 그대로다. 사이먼은 법적, 정치적 계약주의 이론가들을 빌려 스포츠경기는 "탁월함을 향한 상호추구(A mutual quest for athletic excellence)"라고 주장한다. 이 주장은 스포츠윤리학뿐 아니라 스포츠철학에서도 큰 영향력을 행사해왔다. 사이먼의 저서는 스포츠철학계에서 평이 좋았음에도 불구하고 큰 변화를 이끌어내지 못했다.[9] 아마도 이 책의 철학적 난해함과 이 주제를 가르칠 자격을 갖춘 이들이 상대적으로 희소했기 때문일 것이다.

1994년, 앤젤라 럼킨Angela Lumpkin, 샤론 스톨Sharon Stoll, 제니퍼 벨러Jennifer Beller는 『스포츠윤리: 페어플레이 적용(Sport Ethics: Applications for Fair Play)』이라는 저서를 출판했고, 명시적으로 미국 학부시장을 겨냥한 이 책은 큰 성공을 누렸다. 그래도 역시나 1998년 마이크 맥나미Mike McNamee와 짐 패리Jim Parry가 영국서 낸 편저 『윤리와 스포츠(Ethics and Sports)』의 출판 이후 프렐리와 사이먼의 저서들로부터 시작된 스포츠윤리학의 학술적 작업이 대폭 강화되었다. 프렐리와 사이먼의 책들과 달리, 이 편저는 이론적으로, 그리고 문화지리적으로 다양했으며, 전 세계 스포츠철학자들의 스포츠윤리에 관한 글을 담았다. 편저다보니 주제 면에서 다양했고 스포츠윤리학이 논할 수 있는 다양한 이슈들을 보여줄 수 있었다. 비평적으로도 성공적이라, 새로운 책 시리즈가 나오기 시작했으며 그 시리즈에서 나온 책이 서른 권에 이른다. 이 책이 끼친 또 다른 영향력은 영국과 유럽에서 학부와 대학원에 스포츠윤리와 관련된 교과목들이 만들어졌다는 것이다.[10] 나아가 스포츠윤리학 분야의 굳건함을 보여주는 국제적 선집도 이후 여러 권 출판되었다.[11] 2000년도에 들어서며 스포츠윤리학은 1년에 네 번 출판되는 『Sport, Ethics and Philosophy』와 1년에 두 번 영어와 스페인어로 출판되는 『Fair Play Journal of Sport Philosophy, Ethics and Law』 학술지로 그 영역을 확대해 나갔다.

1980년대 중반과 1990년대 사이 미국 스포츠철학은 지적 측면에서나 제도적 측면에서 다소 침체기를 겪고 있었다.[12] 이 당시 미국 스포츠는 상업화가 가속화되고 있었고, 이로 인해 많은 윤리적 이슈들을 생산해내고 있었다. 이때 스포츠철학의 틈을 비집고 나와 학문적으로 급성장했던 분야가 스포츠윤리학이다. 요컨대, 스포츠윤리학이 스포츠철학을 살렸다고 할 수는 없지만 매우 절실했던 산소 공급을 해주었다고는 볼 수 있다.

국내에서 스포츠윤리 연구가 활성화된 것은 비교적 최근의 일인데, 2000년대 이후 승부조작, 도핑, 관중폭력뿐만 아니라 스포츠선수들의 일탈행위가 사회적 문제로 대두되면서 스포츠윤리 연구에 대한 사회적 요구와 필요성이 크게 증대되었다. 김지호, 김재형과 박성주[13]는 1992년 창간호부터 2016년 12월까지 한국체육철학회의 대표 학술지인 『움직임의 철학: 한국체육철학회지』에 게재된 모든 논문을 검토하여 스포츠윤리 연구동향을 분석하였는데, 지난 24년간 게재된 1,137편의 논문 중 스포츠윤리 연구영역에 해당하는 논문은 144편으로 전체 게재된 논문의 12.6%를 차지하고 있는 것으로 나타났다. 특히, 1992년부터 1999년까지 총 게재논문 173편중 스포츠윤리 영역의 논문은 12편으로 비율이 6.9%에 불과하였으나, 2000년부터 2016년까지는 964편 중 132편, 비율은 13.6%로 스포츠윤리에 관한 연구가 최근 10년간 크게 증가하였음을 확인할 수 있었다. 2000년 이후의 스포츠윤리 관련 연구들을 살펴보면, 스포츠윤리의 개념정의나 단순한 윤리적 담론에서 벗어나 (성)폭력, 도핑, 불평등, 승부조작,

동물윤리 등 스포츠상황에서 발생하고 있는 실제 문제들을 다루는 연구들이 조금씩 증가하고 있다.[14]

하지만 이처럼 스포츠에서 발생하는 윤리적 이슈와 쟁점을 다루고 있는 연구논문은 급증하고 있지만, 대부분의 연구들이 이슈에 대해 체계적이고 과학적으로 설명할 수 있는 이론적 기반과 연구방법 측면에서는 부족한 점이 있다. 즉, 스포츠윤리 이슈를 다루고 있는 논문들이 넘쳐나고 있지만 정작 그것을 연구하는 학문집단의 구성원들이 공통적으로 이해하고 공유하는 개념적 틀이라 할 수 있는 학문적 패러다임과 정체성에 관한 연구물은 지금까지 거의 없다.

해외에서는 스포츠윤리학의 이론적 틀을 다루는 학술논문 뿐만 아니라, 출판된 스포츠윤리학 저서 또는 편저도 수십 권에 달하나, 아직 국내에서는 학문적 체계를 갖추고 있는 스포츠윤리학 저서가 거의 없고, 스포츠윤리 연구를 위한 이론적 틀에 대한 정보와 연구가 미흡하기 때문에 저서 편찬 작업이 활성화되지도 않고 있는 실정이다. 따라서 향후 해외 저명 스포츠윤리학자들의 저서와 연구물에서 기술되는 이론, 그들이 활용하는 연구방법, 그리고 연구들의 실제 응용에 대한 고찰을 통하여 한국 스포츠윤리학이 연구해야 할 지향점을 찾고, 스포츠윤리학의 연구영역과 연구방법론, 그리고 그 근간이 되는 스포츠이론을 도출하는 스포츠윤리학의 학문적 체계 정립을 위한 연구가 활성화되어야 할 것이다.

5. 스포츠윤리학의 방법론

스포츠윤리학에서 발견되는 지배적인 윤리이론들은 대개 약간의 수정을 거쳐 적용되어왔다. 프렐리의 스포츠윤리 연구는 일반적인 윤리이론을 받아들여 스포츠와 섞은 후에 행동을 이끌 규범적 가이드라인을 추론해낸 것이 대부분이었다. 주로 의무론과 목적론을 결합한 것이었지만, 정확히 그 이론들이 어떻게 결합된 것인지에 관한 정교한 방법론적 세부사항은 나와 있지 않다.[15] 노르웨이 철학자 지그문트 롤랜드Sigmund Loland[16]는 롤스의 정의론과 공리주의 철학을 결합해 페어플레이의 규범에 관한 스포츠참여자들의 합리적 동의를 극대화할 것을 시도했다. 롤랜드의 저서, 『스포츠에서 페어플레이: 도덕적 규범시스템(Fair Play in Sport: A Moral Norm System)』를 분석해 보면, 그는 자유주의 정치철학자 존 롤스John Ralws의 고전 『정의론A Theory of Justice』[17]으로부터 큰 영감을 받은 것을 알 수 있다. 롤랜드와 프렐리 둘 모두 스포츠에 참여하는 모든 경쟁자들을 규범이나 행동의 가이드라인에 구속시킬 일종의 건축구조를 개발하려 했다. 많은 스포츠윤리학자들에게 이건 지나치게 합리적이라는 인상을 주었다. 몇몇 학자들[18]은 이 둘의 기저에 깔린 보편주의가 인간 주체, 문화적 차이, 그리고 스포츠제도의 막강한 영향력을 간과한다고 주장했다.

2000년대에 들어서면서 스포츠윤리 연구에 활기를 불어넣은 두 명의 스웨덴 출신의 철학자들이 등장한다. 클로디오 탬버리니Claudio Tamburrini와 토비요른 탠스요Torbjorn Tannsjo는 그들의 전문 분야인 도덕철학과 정치철학을 토대로 결과주의consequentialism를 엄격히 적용함으로써 스포츠의 기존 윤리적 사상에 도전하며 큰 흥미와 관심을 불러일으켰다.[19] 롤랜드는 공리주의적 사고와 롤스식 정의 접근을 합쳐 스포츠에 적용했지만, 탬버리니와 탠스요는 널리 통용되는 스포츠규범에 도전하는 연구들을 각각 출판하였다. 이 두 학자들은 주로 보수주의를 공격하고, 논쟁적인 주제를 자유주의와 공리주의 입장에서 옹호하고, 간과되어온 스포츠윤리 이론을 홍보하며 스포츠윤리학 분야에 신선한 자극을 가져왔다. 다만, 이 두 학자의 공리주의에 대한 권위와 전문성에도 불구하고 자신들의 논쟁적인 입장을 옹호하는 실증적 증거가 거의 없다는 것이 실증에 근거해야 하는 윤리학에 있어 큰 약점으로 지적되어진다.[20]

아마도 스포츠윤리학에서 가장 많이 활용되는 접근방법은 '덕 윤리학' 분야의 이론적 틀이라 할 수 있다.[21] 대부분 아리스토텔레스의 이론이거나, 또는 마사 누스바움Martha Nussbaum, 에드먼드 핀코프스Edmund Pincoffs, 그리고 알래스데어 매킨타이어Alasdair MacIntyre처럼 아리스토텔레스의 영향을 많이 받은 현대 철학자들의 이론에 기초하고 있다. 매킨타이어는 그의 유명한 저서 『미덕 그 이후(After Virtue)』[22]에서 필연적으로 사회적일 수밖에 없는 맥락 안에서 미덕이 이해되어야 한다고 밝히며, 미덕은 올바른 행동의 원칙이 아닌 선한 삶을 살려는 선한 사람들의 특정한 기질이라고 설파한다. 피젤Randolph Feezell[23], 사이먼 등과 같은 일부 학자들은 사회적 관습과 구성적 미덕에 대한 매킨타이어의 구체적 주장을 언급하지 않고 일반적인 이론만 이용해왔다. 아놀드Peter Arnold, 돔브로스키Daniel Dombrowski, 맥나미, 모건William

Morgan, 리드Heather Reid와 같은 또 다른 학자들은 스포츠를 사회적 관습, 탁월함, 협동의 미덕이라는 초자아적 규범에 기반을 두고 스포츠에 내재한 만족감과 가치라는 내재적 선을 추구하는 사회적 관습이라고 해석해왔다.[24] 학자들 간 차이점에도 불구하고 스포츠의 외재적 가치라고 불리는 돈, 명예, 매스컴 등 외부의 것들이 스포츠를 분열시키고 있다는 공통의 걱정거리를 가졌다. 물론 그 정도나 정확한 경제적 병리현상에 대해서는 같은 의견은 아니었다. 외재적 선goods을 강조하는 것이 스포츠를 부패시킬 수 있다는 생각이 폭넓은 지지를 받음에도 불구하고, 스포츠에 관련된 내재적 선을 어떻게 식별할 것인지에 관한 의문이 덕론에 기반을 두고 있는 스포츠윤리학자들의 한계로 지적되어 왔다.[25]

하나의 학문 분야로서 스포츠윤리학의 정체성은 연구주제에 관해 체계적이고 과학적으로 설명할 수 있는 이론적 틀을 제시하느냐에 달려있다. 스포츠윤리학은 윤리학을 모(母)학문으로 두고 있는 응용윤리 중 하나이다. 이는 여타 다른 응용윤리분야도 그렇듯이, 앞서 언급한 것처럼 대부분 윤리학에서 개발된 이론들을 스포츠에 가져다 사용하거나 응용하여 사용하고 있다. 물론 스포츠윤리학분야에서 자체적으로 개발된 형식주의formalism, 내재주의internalism, 관습주의convention-alism, 제도론 등과 같은 스포츠의 의미에 관한 통찰력을 심화시키는 고유한 이론들도 존재한다.

6. 스포츠윤리학의 과제

　'스포츠윤리학자'라고 불릴 수 있는 전문가는 어떤 지식과 기술을 가진 사람일까? 조금 더 노골적으로 표현하면, '스포츠윤리학자'라고 부를 수 있는 특정 영역의 전문가가 존재는 하는 걸까? 이러한 의문의 이유는, 후기 근대주의modernity에 있어 유일한 윤리적 관점은 주관주의subjectivism이기 때문이다. 즉, 스포츠에 관한 윤리적 이슈는 스포츠 철학자나 스포츠윤리학자가 아니더라도 누구나 접근하고 다룰 수 있는 이슈라는 것이다. 그렇다면 스포츠윤리학자의 권위는 어떠한 전문성에서 나오는 것일까? 이러한 물음에 대해 크레츠마[26]는, 스포츠윤리학자는 스포츠의 본질에 대한 정교한 이해가 필수적으로 선행되어야 한다고 주장한다. 스포츠의 본질에 대한 이해 없이 선수들의 행동을 이해하는 것은 매우 어렵기 때문이다. 이와 더불어 스포츠윤리학자는 경기의 규칙들에 대해 철저히 이해해야 하는데, 구성적 규칙과 규제적 규칙의 분명한 차이, 널리 통용되는 관습적 규칙들을 이해하는 것도 필수다. 또한 크레츠마는 스포츠윤리학자는 스포츠 행위 방식을 지시하고 통제하는 규범들에 대해서도 충분한 지식을 지니고, 특정 행위의 규범적 가치를 고찰할 수 있는 능력을 가져야 하는데, 이러한 능력을 가지려면 규칙이 허락하거나 불허하는 공식적/비공식적 합의에 대해서도 익숙해야 한다고 주장한다. 하지만 이러한 크레츠마의 조건들에 비춰본다면, 스포츠 애호가라면 위에 언급한 지식들은 이미 대개 갖고 있는 것 아닌가? 오히려 평생 스포츠를 한 선수나 코치들이 더 전문가라고 할 수 있는 건 아닐까?

그렇다면 스포츠윤리학자가 가져야 할 지식은 스포츠윤리를 전공하지 않는 다른 학자들이 가진 기술이나 지식보다 많거나 적어도 부분적으로 달라야한다고 할 수 있다. 그러한 지식은 스포츠의 개념적 성격에 관한 규범적이고 윤리학적인 이해이다. 여기서 규범적, 윤리학적 이해라는 것은 스포츠에서 해서는 안 되는 행위와 해도 되는 행위를 단순히 나열하고 구분짓는 가치판단을 말하는 것이 아니다. 스포츠윤리학자의 지식은 여기에 그치는 것이 아니라, 그러한 가치판단의 기준과 근거가 무엇인지를 설명할 수 있어야 한다. 즉, 스포츠상황 속에서 직면하는 윤리적 판단 혹은 행위의 원리나 근거를 마련하기 위해 도덕의 본질적인 문제에 대해 탐구할 수 있는 역량이 바로 스포츠윤리학자가 갖춰야 하는 전문성이다. 예를 들어, 스포츠에서 도핑은 공정성에 어긋나기 때문에 비윤리적이라는 판단은 누구나 내릴 수 있는 가치판단이다. 하지만 스포츠윤리학자는 도핑을 윤리적인 시험대에 올려놓고 왜 공정성에 어긋나고, 어떤 윤리적 원리에 위배되는지, 그리고 금지시킬 납득할 만한 당위성을 가지는지를 윤리학적으로 고찰하고 설명할 수 있어야 한다. 또한 스포츠윤리학자는 형식주의, 내재주의, 관습주의, 제도론 등과 같은 스포츠의 의미에 관한 통찰력을 심화시키는 다양한 이론도 익숙하게 다룰 수 있어야 한다.

아직까지 스포츠윤리학자는 스포츠철학자와 다를 바 없다. 김정효[27]가 주장하듯, 가치판단의 근거에 대한 탐구와 고찰은 철학의 영역에 속하기에, 스포츠 속 행위와 현상의 가치판단에 대한 철학적 논의인 스포츠윤리학은 근본적으로 스포츠철학과 다름 아니라고 할 수 있다. 그런데 스포츠철학자 모두가 반드시 스포츠에 접근하는 깊고도 체계적인 윤리학적 지식을 가질 필요는 없다. 하지만 이 지식은 스포츠윤리학자에게는 필수다. 왜냐하면 스포츠윤리학자는 스포츠에 내재된 도덕적 한계, 전략적 파울, 스포츠맨십, 스포츠 속 속임수, 경쟁과 페어플레이 등에 대해 개념적으로 그리고 규범적으로 고찰해야 하기 때문이다. 또한 스포츠윤리학자는 의무론Deontology, 결과주의 Consequentialism, 덕론Virtue Theory, 계약론Contractarianism, 자유주의Liberalism, 온정주의Paternalism 등 다양한 윤리이론에 대한 이해를 바탕으로 도핑뿐만 아니라 스포츠에서 동물의 권리, 동성애, 평등, 인권 및 환경윤리에 이르기까지 폭 넓은 주제에 관한 윤리적 담론을 형성할 수 있어야 한다. 물론 맥나미[28]가 주장하듯, 스포츠윤리학자에게 무결점의 기술적 해결이나 이론적 중립성을 기대해서는 안 된다. 스포츠윤리학자는 변증법적 추론, 도덕적 추론, 논증적인 추론 등의 논쟁 전략들을 무기로 삼아 스포츠가 당면한 윤리적 갈등과 쟁점들에 관해 분석함으로써 문제점을 제기하고 해결을 위한 이론적 토대와 정책적 방안을 제시할 수 있어야 한다. 이것이 바로 스포츠윤리학자가 가진 지식의 토대이자 스포츠윤리학자가 권위를 주장할 근거가 되는 이론적이고 실천적인 지식이다.

이처럼 스포츠윤리학이 권위와 전문성을 갖기 위해서는 무엇보다 선행되어야 할 과제가 있다. 바로 스포츠윤리의 학문적 정체성 정립이다. 어떤 것이 독립된 학문으로 성립하기 위해서는 그 학문 집단의 구성원들이 공통적으로 이해하고 공유하는 개념적 틀이라 할 수 있는 패러다임이 있어야 한다.[29] 즉, 독자적이고 고유한 연구주제가 있고, 개념적 경계가 뚜렷해야 하며, 특히 연구주제를 학문적으로 설명하고 논증하기 위한 이론이 있어야 하며, 학문적 공동체로서의 관련 학회가 구성되어 있어야 한다. 최근 스포츠윤리에 대한 사회적 관심과 필요성이 증대하면서 스포츠윤리 연구의 고유한 주제들이 형성되고 있다. 하지만 문제는 연구주제를 체계적이고 학문적으로 설명할 수 있는 이론들이 아직 국내에서는 제대로 정립되어 있지 않으며, 이로 인해 다른 학문(스포츠사회학, 스포츠교육학 등)과의 개념적 경계도 뚜렷하지 않다는 것이다. 그렇다 보니, "스포츠윤리를 누가 가르칠 수 있느냐(교육주체)"는 질문에, "누구나 가르칠 수 있다"라는 답변이 나오기까지 한다. 그러나 스포츠윤리학이라는 학문적 패러다임을 가지고 공동연구를 할 수 있는 한국체육철학회라는 학회가 이미 활발히 운영되고 있다. 따라서 학회의 학자들 간 연구의 교류를 통하여 스포츠윤리학이 하나의 학문으로 그 정체성을 정립할 수 있는 충분한 가능성은 지니고 있다.

체육계의 스포츠윤리 확립을 위한 제도적 장치를 마련하고 스포츠윤리를 교육하기 위한 방향과 체계를 모색하기 위해서는 스포츠윤리학을 학문적으로 정초하는 것이 우선적으로 필요하다. 따라서 미국과 영국을 중심으로 정립되어 온 해외 스포츠윤리학의 학문적 체계에 대한 분석을 토대로 국내 스포츠윤리 연구를 위한 주제, 이론, 방법론에 관한 DB를 구축하는 작업이 절실하다. 또한 연구주제를 학문적으로 분석하고 설명하는데 근간이 되는 이론적 틀과 접근방법을 주제별·기능별로 정리하여 보급함으로써 스포츠윤리학의 학문적 패러다임을 정립하는 하는 것이 한국 스포츠윤리학이 당면한 과제일 것이다.

7. 스포츠윤리학의 전망

　　스포츠윤리학의 미래는 스포츠윤리학의 과거와 현재를 비추어 볼 때 그 전망을 예측할 수 있다. 지금까지의 스포츠윤리학 연구를 살펴 보면, 불변성과 변동성을 동시에 유지하고 있다. 불변성은 스포츠윤리학이 지향하는 근본적인 질문, 즉 스포츠란 무엇이며, 어떻게 행해져야 하고, 어떻게 가르치고 배울 것인가 등 스포츠의 본질과 목적에 관한 탐구이며, 변동성은 그 탐구의 방식의 변화를 의미한다. 그 방식이 과거에는 현상학적 방식이 주류를 이루었다면, 현재에는 비판적이고 경험적이며 실증적 데이터에 의존하는 경향이, 그리고 미래에는 보다 융합적인 경향이 될 것이라 예측한다. 최근 연구 흐름은 융·복합이 각광을 받고 있다. 학제간 연구, 즉 연구 영역에 있어 독립적인 연구가 아닌 복합적 연구인 하이브리드 연구가 요구되고 있다. 스포츠윤리 관련 주제들은 그 양상이 다소 복잡하고 복합적이기 때문에, 여타 다른 응용윤리 분야도 그렇듯이 타학문과 상호협력 하는 연구가 효율적일 것이다. 국내 스포츠윤리와 관련된 연구는 대부분 독립적 연구로 수행되어 왔지만, 앞으로의 스포츠윤리학은 인류학, 심리학, 사회학, 정치학, 법학, 윤리학, 미학, 의학, 공학의 이론과 지식들을 적극 수용하고 그들의 접근방법을 복합적으로 활용해야 될 것이다.

특히 응용윤리학의 일부 분야에서 윤리학과 법학이 함께 연구되고 있다는 사실이 주목할 만하다. 의료윤리, 공학윤리, 환경윤리 등에서 특히 그렇다. 스포츠에서도 이 둘의 결합에는 분명한 이점이 있다. 무엇보다 스포츠윤리에 관한 논의가 더 광범위한 호응을 얻을 수 있다. 스포츠윤리학자가 지적하는 윤리적 요점이 법적인 맥락에서 이루어질 때, 정부 스포츠기관 및 체육단체는 더 귀를 기울일 것이며, 이것이 실제 행정적, 제도적 변화로 이어질 가능성이 높다. 또한 스포츠법학자들 역시 스포츠윤리학자의 학문적 결과로부터 원칙적으로는 득을 볼 수 있다. '원칙적으로는'이라고 말하는 까닭은 법학의 연장도구들이 철학과 그리 다르지 않기 때문이다.[30] 최소한 이 두 분야 사이에 시너지가 발생한다고 기대해 볼 수 있는데, 현재 상업화된 스포츠, 특히 프로스포츠에서는 이미 밀접한 관련을 맺으며 자라나고 있는 실정이다.

요컨대, 향후 스포츠윤리학은 다양한 학문과 연구방법을 종합하는 융합적인 접근방법으로 나아갈 것으로 예측되며, 또한 앞으로 스포츠윤리학은 이론theory과 실천practice이 긴밀하게 연결된 학문으로서 나아가야 한다. 이러한 융합적 지식이 결합하고 여기에 철학적 예리함이 더해져 스포츠윤리학자가 실용적 지혜를 계발할 수 있는 것이며, 이러한 지혜는 스포츠의 운영, 관리, 교육, 보급 · 확산, 경기조직,

체육정책 수립 같은 스포츠의 일상적 영역에 권위 있는 간섭과 조언을 제공할 수 있을 것이다. 물론 학문의 미래를 예측하는 건 쉽지 않다. 하나 분명한 것은, 지금 스포츠윤리학은 초기지만 융성하고 있으며, 실용적이고 장기적인 미래의 신호를 보이고 있다는 것이다.

나가며

오늘날 고도의 상업화된 스포츠는 경쟁을 통한 승리와 기록을 최고의 가치로 삼는 냉혹한 승부의 세계가 되었다. 자본주의가 지배하는 20세기에 들어오면서 스포츠는 도전이나 극기 같은 순수한 정신적 가치의 발현이라기보다 올림픽, FIFA 월드컵, 세계육상선수권대회 등 "메가스포츠이벤트"[31]로 대표되는 소비주의와 오락의 최전방에 서게 되었다. 그 결과 승부조작과 담합, 금지약물의 복용, 심판매수, 부정 장비사용, 선수 (성)폭행, 파벌, 경기장 관중 폭력사태, 무분별한 스포츠시설 확충으로 인한 환경오염 등 수많은 문제점들을 가지게 되었다. 승리와 기록에만 치중하는 오늘날의 스포츠를 비판하고 반성할 수 있는 시각을 확보하고 과학과 자본의 논리에 의해 빚어지는 스포츠계의 제문제에 대해 성찰과 통찰을 위한 스포츠윤리학의 정립이 절실히 요구되는 시점이다. 이러한 시점에서 스포츠윤리학이 과연 무엇을 하는 학문이며, 어떻게 해야 하는지, 그리고 과연 학문적으로 어떠한 위치에 있으며 어떻게 나아가야 하는지에 대한 심도 있는 논의는 스포츠윤리학의 학문적 발전에 있어 무엇보다 중요한 일이다.

스포츠윤리학의 정체성은 한편으로는 이것이 무엇인가에 대한 탐구이며, 다른 한편으로는 이것이 왜 필요하며, 어떻게 되어야 할지에 대한 탐구이기도 하다. 전자는 스포츠윤리학이 어디서, 어떻게 등장하여 현재 어떠한 위치에 와 있는가, 즉 스포츠윤리학의 과거와 현재를 뜻하며, 후자는 스포츠윤리학의 의의와 과제, 즉 스포츠윤리학의 미래와 관련된다. 이에 이번 장에서는 스포츠윤리학이 무엇인지 살펴본 후, 국내외 스포츠윤리학의 간략한 역사와 스포츠윤리학의 연구범위와 주요 이론을 알아보고, 이를 토대로 스포츠윤리학의 과제와 전망을 제시해보았다.

어떤 학문이 독자적인 학문 분야로서 그 정체성을 인정받으려면 그 학문의 패러다임이 확립되어 있어야 한다. 미국의 유명한 철학자 토마스 쿤Thomas Kuhn[32]은 그의 저서 『과학혁명의 구조(The Structure of Scientific Revolutions)』에서 '패러다임(paradigm)'이라는 개념을 제시하며 "한 시대 사람들의 견해나 사고를 지배하고 있는 이론적 틀이나 개념의 집합체"로 정의하였다. 쿤에 따르면, 어떤 학문이 하나의 정상학문으로서 위치하기 위해서는 그 학문을 전공하는 학자들 간 연구의 기초가 되는 기준, 이론, 응용, 주제 및 방법을 총칭하는 패러다임을 공유해야 한다. 즉, 어떤 학문이 패러다임을 갖지 못할 때에는 무엇을 연구해야 하고, 어떻게 연구해야하며, 어떤 이론을 정립할 수 있는지 등과 관련된 기본적인 문제에 대한 논란이 발생할 뿐만 아니라 학문적 발전도 기대하기 어렵다는 것이다.[33]

따라서 스포츠윤리학이 하나의 독자적 영역을 갖는 정상학문이 되기 위해서는 스포츠윤리 연구자들 간 비슷한 시각과 비슷한 관점으로 이해되는 연구주제 및 연구범위가 구분되고, 그것을 연구하는 방법론, 그리고 과학적이고 체계적으로 연구주제를 설명할 수 있는 이론이 개발되고 제시되어야 한다. 이것이 국내 스포츠윤리 연구자들이 당면한 과제이다. 하나의 학문이 성립하고 성공적으로 발전하는 것은 수많은 학자들의 연구와 실제 현장의 실천적 성과, 다양하고 현실적인 정책적·제도적 뒷받침, 그리고 그 학문의 연구내용과 방법론에 대한 지속적인 논의와 합의들이 종합적으로 집적되었을 때 가능한 일이다.[34] 스포츠윤리학도 다양한 학문적 전통을 가진 학자들이 '스포츠윤리'라는 주제에 대해 관심을 가지고 연구하며, 연구자간 학술적 교류를 통해 이론적 기반과 연구방법의 타당성을 확보하고, 그 연구결과가 교육을 통해 보급·확산되어 스포츠의 발전을 위해 올바른 방향을 제시하는 나침반의 역할을 할 수 있을 때, 그 학문적 체계와 위상을 정립하고 스포츠윤리학자의 전문성도 제고할 수 있을 것이다.

02

스포츠와 공정

임 다 연

02

/

스포츠와 공정

들어가며

　언제부턴가 우리 사회의 뜨거운 화두로 떠오른 것이 바로 '공정'이다. 이 시대에 사람들은 왜 공정을 부르짖는지, 최근 MZ세대는 무엇 때문에 공정을 외치는지, 그들이 끊임없이 공정을 요구하는 이유에 대해 생각해 보아야 할 시점이다. 공정한 경쟁이 불가능한 상황, 우리는 이것을 '기울어진 운동장'이라고 표현한다. 어느 한쪽에 일방적으로 유리한 제도나 규칙으로 인해 반대쪽은 마치 운동장의 기울어진 쪽에서 공을 차는 것처럼 아무리 노력해도 경쟁에서 이기기 힘들다는 뜻을 내포하고 있다. 현대 사회에서 우리는 갈수록 치열한 경쟁에 내몰리지만 모두가 그 경쟁이 공정을 담보로 한다고 생각하지는 않는다.

　그러나 많은 사람들이 스포츠에서 만큼은 공정성의 가치가 엄격하게 지켜질 수 있으리라 기대한다. 스포츠는 엄격한 규칙을 지키면서 외부의 도움 없이 자신의 육체적 능력만으로 상대와 겨루는 활동으로 그 과정과 결과가 공정성에 기반한다. 스포츠산업진흥법 제2조에 따르면, 스포츠란 "건강한 신체를 기르고 건전한 정신을 함양하며 질 높은 삶을 위하여 자발적으로 행하는 신체활동을 기반으로 하는 사회문화적 형태"이다. 흔히 스포츠 경기를 'competition'이라고 부른다. 이는 경쟁을 뜻하는 말로, 스포츠에서 서로의 기량을 겨루는 것을 의미한다. 이 경쟁의 전제조건이 바로 공정성이다. 공정성을 잃은 채 목표를 이루기 위해 수단과 방법을 가리지 않는 것은 경쟁이 아닌 투쟁이다.

몇 년 전, 국내 프로농구 KCC의 전태풍 선수가 한 언론 인터뷰에서 이런 말을 한 적이 있다.[1] "내 키가 조금만 더 컸더라면 NBA(미국프로농구)에도 도전해볼 수 있었을 텐데." 전태풍 선수의 키는 180 cm이다. KBL 주전 선수들의 평균 키는 195 cm(2017-2018시즌)이고, NBA 선수 평균 신장은 2 m(2017-2018시즌)이다. 농구는 바닥부터 농구 골대까지의 높이가 약 305 cm이기 때문에 키가 큰 선수에게 유리할 수밖에 없는 종목이다. 그렇다면, 이러한 경우 180 cm의 선수와 2 m 선수의 경쟁이 과연 공정한 것일까? 아마도 스포츠를 즐기는 팬의 입장에서는 이를 불공정하다고 말하는 경우는 드물 것이다. 분명 공정하지 않아보이는데도 말이다. 그렇다면, 혹 스포츠는 공정성에 대한 환상을 유포하고 있는 것은 아닐까? 스포츠는 정말 공정한 것일까? 이처럼 스포츠가 과연 공정한것인가 대한 논쟁은 끊이지 않는다.

이번 장에서는 스포츠 속 공정에 관한 여러 쟁점들을 살펴봄으로써 '과연 스포츠는 공정한 것인가'라는 물음에 대한 답변을 찾아보고자 한다.

1. 스포츠와 공정성[2]

일반적으로 '스포츠'하면 가장 먼저 떠오르는 단어 중에 하나가 바로 공정성이다. 스포츠계에 사건, 사고가 터질 때마다 '스포츠계의 공정성 제고', '공정한 스포츠 환경 조성'과 같은 문구들이 언론기사 제목이나 정부의 정책 방안으로 자주 등장하는 것은 아마도 공정성이 스포츠의 핵심적 가치이기 때문일 것이다. 스포츠에서 공정성은 정의justice와 유사한 개념으로 페어플레이와 스포츠맨십을 이야기할 때 빠지지 않는 중심 개념이다. 그러나 일반 사회에서 바라보는 공정성의 관점으로 스포츠를 살펴보면 스포츠는 공정하지 않다. 스포츠를 규정하는 기본적인 개념 자체가 공정성의 정의에 어긋날 수 있기 때문이다. 한 예로 특별한 이유 없이 남녀의 성별만을 이유로 차별하는 일이 벌어진다면 이는 공정성에 위배된다. 예를 들어 회사에 면접을 보는 자리에서 남성 혹은 여성이라는 이유만으로 차별을 당하는 일이 생긴다면 이는 명백한 차별행위로 공정성에 어긋난다. 하지만 스포츠에서만큼은 성별의 구분을 당연시하고 있으며, 스포츠에서의 규칙으로 여겨지고 있다. 또한, 수영 종목을 예로 들어 발 크기가 310mm가 훌쩍넘는 선수와 250mm도 채 되지 않는 선수의 경쟁이 구분 없이 함께 이루어진다. 이는 오리발을 착용한 선수와 착용하지 않은 선수의 경쟁과 같은 차이를 가져다준다. 이러한 불공정성을 선수들은 고스란히 받아들여야만 한다.

그렇다면, 스포츠에서 공정성이라는 가치는 실현할 수 없는 것일까? 결론부터 말하자면 그렇지 않다. 스포츠에서 공정성의 가치를 바라보는 관점에 따라 대답은 달라질 수 있다. 스포츠에서의 공정함 혹은 불공정함의 판단 기준은 무엇인가? 스포츠선수의 경기장 안팎에서의 모습을 바라보는 사회적 시선은 관대함과, 엄격한 도덕적 잣대 두 양면성을 포함한다. 일례로, 스포츠에서 선수의 파울은 규칙을 위반하는 행위이지만 경기의 흐름과 상황에 따라 파울의 형태에 따라 다르게 평가받는다. 특히 경기 운영 중에 경기의 흐름을 유리하게 바꾸기 위한 순간에 행하는 전략적 파울은 선수의 기술로 인정되기도 한다. 이때 공정성과 거리가 먼 행동이 정당화되거나 상황에 따라 각광받는 행동으로 인식된다면 스포츠를 바라보는 사람들로 하여금 스포츠의 공정성이라는 가치의 훼손으로 인한 다양한 문제와 사회적 혼란을 야기할 수 있다.[3]

　스포츠의 진정한 산물은 바로 공정성이다. 스포츠의 공정성은 스포츠정신으로 표현되며 그것이 바로 스포츠의 핵심적 가치이다. 이를 바탕으로 문화체육관광부는 '공정하고 투명한 스포츠 환경 조성'이라는 주제하에 관계부처와 협의를 통하여 스포츠의 공정성 제고를 위한 정책 마련에 힘을 쏟고 있다.[4] 공정성은 편파적이지 않은 공평성과 합리성을 뜻하며, '옳다'는 의미로서 정당성이 전제되어 있는 정의의 중심 개념이기도 하다.[5] 정의의 맥락에서 '옳음'과 '좋음'이라는 단어는 스포츠에서 바로 이 '공정'과 관련이 있다. 현대스포츠의 조건과 관련하여 정의의 맥락에서 공정이라는 용어를 사용하는 것은 다소 부끄러울 수 있다. 그러나 우리는 그것을 수용이 아닌 변화로 이끌어야 한다. 정의와 공정은 모든 사회의 주요 미덕이며 페어플레이는 스포츠의 기본 미덕이다. 기본적으로 우리는 공정함과 불공정함에 대한 직관적인 감각을 가지고 있으며, 이 감각은 스포츠에서 더 직관적으로 나타날 수 있다.

2. 스포츠 속 공정성 논쟁

1 인위적 vs 자연적 공정성 논쟁

앞서 언급했듯 스포츠에서 발생하는 비윤리적인 행위들을 논의할 때 가장 먼저 떠오르는 쟁점은 공정성이다. 예를 들어 도핑이나 유전자 조작을 통해 선수의 경기력 향상을 유도한다면, 스포츠 경쟁에서의 공정성 문제를 야기할 수 있다.[6] 그러나 스포츠에서 경쟁은 선수들 사이에 존재하는 심리적, 신체적, 생리적 차이를 겨루는 것으로 이러한 차이에서 발생하는 불공평함은 피할 수 없는 것이다. 이러한 불공평함을 스포츠에서는 인위적인 불공정과 자연적인 불공정으로 나눌 수 있다.

(1) 스포츠에서의 인위적 공정성 논쟁

스포츠에서 발생하는 대표적인 인위적 공정성 위반 행위는 도핑, 전략적 파울, 그리고 승부조작이다. 첫 번째로 도핑은 스포츠선수가 경기력향상을 목적으로 약물을 복용 또는 주입하는 것을 뜻한다. 일반적으로 약물을 복용한 선수가 불공평한 이득을 얻을 수 있는 도핑은 경쟁의 본질을 심각하게 손상시키는 행위이므로 공정한 경기를 위해 반드시 근절되어야 한다는 인식이 팽배하다.[7] 이에 대한 근거는 약물 복용 및 주입으로 인해 근력 및 지구력 등의 신체 기량이 향상된 선수가 그렇지 않은 선수와의 경쟁을 할 경우, 해당 경기에서 유리한 이점을 지니므로 공정성을 훼손시킬 뿐 아니라 일종의 속임수로 해석될 수 있기에 스포츠 경기의 기본 정신에 위배된다.

또한 도핑의 자연성과 인위성에 대한 논점을 살펴보면, 스포츠는 인간의 탁월성을 겨루는 것으로 인위적인 외부의 간섭 없이 자연 그대로의 몸 상태로 경기에 참여해야하지만, 도핑은 이를 위반하는 것이다.[8] 스포츠 선수들의 땀과 노력, 피나는 훈련을 통해 얻게 된 신체의 탁월성을 겨루는 스포츠 경기에서 약물을 통해 얻는 이득은 이러한 자연성에 어긋난다.[9] 즉 약물 복용을 통한 경기력 향상은 자연적인 것이 아닌 인위적인 것이며, 이는 자연적인 능력을 가진 선수들만 참가할 수 있는 스포츠 경기의 위상을 실추시킬 수 있다는 것이다. 현장에서 스포츠선수에게 도핑은 경기력 향상을 위한 목적을 가장 우위에 둘 수밖에 없는 환경에서 뿌리치기 힘든 유혹이 될 수 있다.[10] 그러나 그것은 스포츠의 공정성과 인간의 존엄성을 중요시하는 스포츠의 본질에 위배되는 불공정한 행위일 수밖에 없다.[11]

하지만 과연 도핑이 선수들이 사용하는 속임수이며, 스포츠에서의 불공정을 초래할까? 도핑기술의 사용이 금지되어야 한다는 생각의 배후에는 유전적으로, 선천적으로 이미 결정된 요소들이 경쟁의 결과를 정해야한다는 생각도 존재한다.[12] 모든 선수가 동일한 훈련

양과 동일한 강도의 훈련을 한다고 해서 승리할 확률까지 동일하지 않다. 이는 선수의 훈련량이 아닌 유전적 체질이 승리에 결정적임을 의미한다. 그렇다면, 도핑은 오히려 타고난 유전적 체질을 인위적으로라도 공정하게 맞춰주는게 아닐까? 즉 자신의 의지와 무관하게 유전적 불이익을 가진 선수들이 도핑 기술이나 유전공학 기술을 통하여 자신의 장애와 불이익을 제거하기 위한 향상enhancement은 선수로서의 삶을 개선하는 것이고 그 자체가 정의로운 것일 수 있다.[13] 이처럼 스포츠에서 도핑에 대한 공정성 논쟁은 서로 상반되는 입장이 존재한다.

다음으로 도핑 외에 인위적 불공정성을 지닌 행위 중 하나가 바로 전략적 반칙이다. 전략적 반칙이란 경기에서 선수가 전략적 이득을 얻기 위해 벌칙 받을 것을 알고도 고의적으로 규칙을 어기는 것을 말한다.[14] 일례로, 야구에서 빈볼을 통한 보복 행위는 오랜 기간 야구계의 불문율로 통하고 있다. 빈볼처럼 경기장 내 폭력적 보복 행위를 '게임의 일부'나 '전략의 일부'로 받아들이는 전략적 반칙의 정당화는 흔히 일어난다.[15] 이는 스포츠계가 스포츠 장(場)의 보복성 폭력 행위에 대하여 일탈이라고 판단하기보다는 게임의 일부로 간주하고 있기 때문이다.[16] 스포츠경기의 가치는 도덕성의 요구로부터 어느 정도 단절되어야 하며 스포츠 '밖'에서라면 용인될 수 없을 속임수도 스포츠 '속'에서는 허용 가능한 것이어야 한다는 주장도 적지 않다. 그러나 전략적 반칙, 이른바 반칙 작전은 스포츠 규칙의 허점을 파고들어 공정성을 인위적으로 훼손하는 행위로 인식되기도 한다. 전략적 반칙의 목적은 정직하고 기술적인 퍼포먼스가 아닌 수단을 통해 정당하게 획득한 어드밴티지와 기회를 앗아가는 것이다.[17]

　도핑과 전략적 반칙과는 다르게 스포츠에서의 불공정 행위인 승부 조작은 상반되는 입장의 논쟁이 이루어질 수 없는 부정행위로 치부된다. 승부조작match-fixing이란 스포츠경기에서 선수, 감독, 심판 등 경기의 참여자가 결과를 의도적으로 유도하는 일체의 행위를 의미한다.[18] 이는 스포츠의 핵심가치인 공정성을 훼손하는 행위로 국내외 할 것 없이 과거부터 지속적으로 이어져왔다. 이는 스포츠 경기의 과정과 결과를 인위적으로 조작하는 행위로 현장에서는 심판매수, 고의패배, 불법도박과의 연루, 입시 비리 등으로 나타난다. 승부조작은 스포츠의 공정성을 저해하는 부정행위이자, 스포츠의 본질을 훼손하는 가장 심각한 부정행위로 인식되고 있다.

(2) 스포츠에서의 자연적 공정성 논쟁

　기본적으로 부유한 국가의 부유한 선수들과 가난한 국가의 가난한 선수들과의 경쟁이 과연 공정하다고 할 수 있는가? 고지대 국가에 사는 장거리 선수와 저지대 국가에 사는 장거리 선수와의 경쟁이 과연 공정하다고 할 수 있는가? 태어난 국가의 지리적 위치, 경제적 조건, 체력 및 체격 조건, 훈련 시설, 영양 공급, 동기 부여 등 경기 전 많은 면에서 불공정한 조건들이 발생하는데 과연 스포츠가 공정하다고 할 수 있는가? 멀리뛰기 선수들이 경기 순서에 따라 확연히 다른 바람의 영향을 받는 것을 과연 공정하다고 할 수 있는가?

서두에 언급했듯 스포츠는 공정성에 대한 환상을 유포한다. 엄격한 규칙을 지키면서 외부의 도움을 전혀 받지 않고 자신의 육체적 능력만으로 겨루는 스포츠의 이미지가 스포츠를 공정한 것으로 생각하게 만든다.[19] 흔히 수영 선수들은 경기장에 들어서는 순간 물속 자신만의 레인 안에서 고독한 레이스를 펼친다고 말한다. 그러나 과연 그럴까? 현대 스포츠에서는 단지 뛰어난 자질을 갖추고 있다고 해서 경기의 승자가 될 수 있는 것은 아니다. 우승을 위해선 체계적인 훈련이 필요하며, 이 과정에서 경제적 능력과 과학적 기술이 필연적으로 뒷받침 되어야 한다.[20] 자신만의 레이스를 펼치기 위한 그 과정은 과학적 근거에 의해 만들어진다. 모든 선수가 경쟁을 준비하는 과정에서 장비와 훈련시설, 영양공급, 과학적 지원 등 동일한 자원을 쓸 수 있어야 경쟁은 공정할 것이다.[21] 이처럼 스포츠에서의 성취가 투자의 양에 점점 더 비례하게 되면서 스포츠를 순수하게 개인의 탁월성을 겨루는 것으로 보는 관점에 반대 입장도 늘어나고 있다. 선진국과 후진국의 스포츠 인프라 차이, 부자인 사람과 가난한 사람이 스포츠에 투자할 수 있는 능력의 차이 등 배제할 수 없는 큰 차이가 있다.

과거 스포츠에서 흔히들 말하는 헝그리 정신은 우승자의 스토리텔링에 있어 빠지지 않는 요소 중 하나였지만, 오늘날 스포츠에서는 헝그리 정신으로 우승할 확률은 거의 없다. 물론 다른 모든 조건이 동일하다면 헝그리 정신이 마지막 순간에 정신력을 발휘하게 함으로써 승리를 거두는 데 도움이 될 수 있겠지만, 현대 스포츠에서는 여러 가지 요인이 개입함으로써 다른 조건의 동일성이 애초에 보장되

지 않는 사례가 다반사이다.[22]

그러나 이러한 현실에도 불구하고 스포츠가 공정하다는 우리사회의 인식은 능력주의를 실현시킬 수 있는 곳이라는 주장에 힘을 실어 사회체제를 정당화하는데 공헌한다.[23] 이는 곧 대중들이 스포츠를 바라볼 때 그 과정에 쏟는 노력의 중요성을 더욱 크게 여겨지게 한다. 이 때, 경기에서 승리를 한 사람은 충분한 노력을 쏟아부었기 때문에 얻어낸 결과이므로 승리의 기쁨을 만끽할 자격이 부여된다. 문제는 이러한 과정에서 동기가 발현될 환경과 충분한 노력을 쏟을 기회가 결코 공정하게 분배되어 있지 않다는 사실은 간과된다는 것이다. 스포츠를 곰곰히 살펴보면 주변환경의 어려움, 신체조건의 불리함 등의 역경을 딛고 우승을 한 선수들에게 더욱 환호한다. 어릴적 작은 키로 배구를 그만둘까 고민했지만 끝내 극복해 세계적인 배구선수가 된 김연경 선수, 심판의 편파판정에도 불구하고 멋진 경기를 펼쳐 올림픽 메달을 획득한 김연아 선수가 각광을 받는 것도 그런 이유이다.

스포츠가 순수하게 신체의 탁월성을 겨루는 곳이라고 하지만 과연 스포츠가 정말 공정한 것일까? 이러한 의문의 생기는 이유는 경기의 결과가 반드시 선수가 쏟아부은 노력의 양과 비례하지 않기 때문이다. 땀과 노력만으로는 절대 극복할 수 없는 타고난 신체적 조건, 재능, 소질 등의 차이가 존재한다. 일반적으로 스포츠현장에서 타고난 재능이 없으면 뛰어난 성과를 지닌 성공한 선수가 되기 어렵다고 인식한다. 그만큼 스포츠에서 선천적 재능은 무시할 수 없는 부분이다.

② 직접적 vs 간접적 경쟁에서의 공정성 논쟁

스포츠에서 경쟁이 이루어지는 방식에 따라 직접적 경쟁과 간접적 경쟁으로 구분할 수 있다. 참가자들이 동일한 장소와 동일한 시간에 경쟁할 경우 직접적 경쟁으로 규정할 수 있으며, 간접적 경쟁의 경우 참가자들이 개인별로 경쟁하고 시간과 공간적 측면에서 부분적으로 혹은 전적으로 격리되어 경쟁하게 된다.[24] 직접적 경쟁은 복싱, 태권도, 축구, 농구 등이 해당되며 간접적 경쟁은 멀리뛰기, 높이뛰기, 알파인스키 등이 해당된다.

직접적 경쟁과 간접적 경쟁 스포츠의 공정성 논쟁에서는 경기에 참가하는 모든 선수에게 공정한 경쟁을 보장하는 원칙이 지켜져야 한다는 전제가 깔린다. 그러나 이러한 스포츠에서 모두가 평등한 조건을 제공하는 것은 불가능할 것이다. 대표적으로 국내프로야구의 경우 홈그라운드의 이점을 특정 팀만 얻지 않기 위해 경기장을 번갈아가며 경기를 치른다. 그러나 완벽히 불평등을 차단하기는 어려울 것이다. 직간접적 경쟁에서는 다음과 같은 몇가지 주요 논쟁이 지속적으로 이루어지고 있다. 먼저, 야외스포츠의 경우에는 기후에 따른 불공정을 제한하기가 가장 어려울 것이다. 다음 사례를 살펴보자.[25]

2020년 프로여자골프투어 기간에 전국이 태풍의 영향권에 들었다. 다행히 1라운드가 열리는 날은 태풍의 직접적인 영향을 받지 않아 무난하게 마무리하였다. 1라운드에서는 유력한 우승 후보인 P선수가 1위를 차지하였고, 이번 시즌 최고의 기량을 선보이며 돌풍을 일으키고 있는 신인 L선수가 3타차 뒤진 2위로 P선수 뒤를 바짝 쫓고 있다. 이번 대회는 베테랑 P선수와 무서운 신인 L선수의 대결이 최대 관심사이다. 그러나 2라운드 경기가 시작하는 날 갑작스럽게 강풍이 몰아쳤다. 대회 주최 측은 초속 12m의 강한 바람이 불지만 경기하는데 지장은 없다고 판단했다. 이에 따라 경기를 강행하였으나 2라운드 경기 도중 강풍으로 인해 골프장 나무가 쓰러지고 선수들이 몸을 가눌 수 없게 되면서 뒤늦게 오후 3시쯤 경기를 중단했다. P선수는 경기를 중단하기 전, 이미 2라운드 경기를 마쳤다. 그러나 L선수를 포함한 20명의 선수가 경기를 끝내지 못한 채 황급히 코스를 빠져나왔다. 다음날 오전에 2라운드 잔여 경기를 치르고 곧바로 최종 3라운드 경기를 속행할 것으로 예상했지만, 대회 주최 측은 대책회의를 통해 3라운드를 취소하고 2라운드 합계로 우승자를 가리는 것으로 결정하였다. 그러나 같은 2라운드지만 태풍 속에서 치른 전날과 태풍이 지나간 다음날은 경기 조건이 상당히 다르기 때문에 남은 홀이 많은 선수일수록 유리할 수밖에 없는 상황이다. 남은 홀이 많이 남았던 신인 L선수는 2라운드 최종 6언더파 66타를 쳐 P선수를 1타 차로 역전하며 이번 대회 우승을 차지하여 우승 상금 3억 원을 받았다. 과연 베테랑 P선수와 신인 L선수의 경쟁은 공정한 것일까?

이처럼 예측불가능한 기후변화는 선수의 경기력에 영향을 끼칠 수밖에 없다. 다음으로 기술 발전에 의한 불공정성이다. 오늘날 사람들에게 현대 사회에서 가장 빠르게 변화하는 것이 무엇이냐고 묻는다면, 대부분의 사람들은 과학과 기술의 발달이라고 말할 것이다. 최근 과학기술의 발전 속도는 놀라울 정도로 빠르며 이러한 변화는 스포츠에도 많은 영향을 끼치고 있다. 스포츠의 과학기술 도입은 선수들의 신체적 기량에 역동성을 더하여 시청자들에게 보다 많은 즐거움을 선사하고, 선수들의 기록과 성적에도 긍정적인 영향을 끼치며, 궁극적으로 스포츠 산업 부흥에 큰 역할을 하고 있다.

그러나 새로운 기술 도입으로 인한 부정적인 사례도 지속적으로 나타나고 있다. 2016년 개최된 세계 사이클로 크로스선수권 대회에서 펨케 반덴드리슈 선수는 자전거의 크랭크 부분에 미세한 소형 모터를 장착하여 페달을 밟지 않아도 바퀴가 굴러가도록 자전거를 조작하였다. 이는 선수 개인의 능력이 아닌 기계의 도움을 받는 것이기 때문에 다른 선수들보다 유리한 위치에서 경기를 진행한다는 점에서 불공정을 유발하였다. 이처럼 기술의 발전에 따른 스포츠에서의 새로운 장비와 도구의 활용은 선수들의 기량이나 경기력을 향상시킴으로서 스포츠의 발전에 긍정적 역할도 하고 있지만, 인간의 순수한 능력으로 탁월성을 추구하는 스포츠정신을 훼손하고 자신의 실력 이상의 결과를 얻게 한다는 기술 도핑 논란도 야기하고 있다. 과연 기술의 진보가 인간 본연의 탁월성 경쟁을 전제로 하는 스포츠의 본질과 공정성을 훼손시키는 것일까?

이러한 문제를 해결하고 공정성을 유지하기 위해 스포츠는 지속적으로 규칙과 제도를 함께 변화시키고 있다. 궁극적으로 직간접적 경쟁 스포츠의 공정성은 선수의 타고난 재능을 축하하고, 모든 선수가 평등하게 보장받을 기회를 제공하며, 외부요인이 경쟁의 결과에 과도하게 영향을 미치지 않도록 보장하는 것에 초점을 두는 데 있다.

3. 스포츠와 운26

스포츠 경기에서 '승자의 행운'과 '패자의 불운'은 성립 가능한 공식일까? Carr(1999)에 따르면, 최고의 승자가 지닌 조건은 뛰어난 운동능력과 기술, 노력과 행운, 도덕성이며,27 스포츠 경기에서의 승리나 상대 선수에 비해 뛰어난 역량에는 운동선수의 수행력이나 스포츠맨십의 탁월성뿐만 아니라 행운의 영향도 있다.28 스포츠에서의 우연은 상황적 우연과 본성적 우연으로 구분할 수 있는데, 상황적 우연은 앞서 다루었던 스포츠에서 발생하는 자연적 불공정성에서 언급했으며 여기에서의 운은 본성적 우연을 의미한다.

역대 여섯 차례의 발롱도르를 수상한 리오넬 메시는 수상 직후 인터뷰에서 "운이 좋았다…… 솔직히 내가 최고인지는 모르겠다"고 말했다. 그렇다면 운이 스포츠의 공정성을 방해할까? 예를 들어 치열한 접전이 이루어지는 축구 경기에서 오랜 시간 무승부가 계속되던 중 한 선수가 중거리 슛을 찼고 그의 킥은 골대보다 높이 솟았지만 예기치 않은 돌풍이 공의 방향을 바꾼 결과 공은 그대로 골대로 들어가 골인에 성공했다. 돌풍에 의해 불규칙해진 공의 방향 때문에 골키퍼가 몸을 날려 수비했지만 공을 막기에는 역부족이었던 것이다. 공을 찬 선수의 킥이 능숙하진 못했지만 돌풍이 그의 팀을 승리로 이끌었다. 이와 같은 상황에서 공정함이란 실력이 더 나은 팀이 이기는 것을 말하는 것일까? 아니면 운에 의해 경기의 공정성이 방해 받은 것일까? 한 팀에게는 운이 좋았고, 다른 한 팀에게는 운이 좋지 않았지만 둘 다에게 그 운을 얻을 자격이 있었던 것은 아닐까? 운이 스포츠 경기를 망치거나 적어도 공정성을 훼손하는 경향이 있다는 것은 기술 이론이라고 할 만한 것에서 비롯된다. 스포츠의 기술 원칙에 의하면, 스포츠 경기는 어떠한 외부 요소의 개입 없이 어느 상대가 기술적으로 더 탁월한지에 따라 승패가 결정되어야 한다.

운에 의해 경기 결과가 결정되는 경우, 참가자 중 가장 능숙한 선수를 결정하지 않았으므로 경기가 망가졌거나 적어도 경쟁 테스트를 가장 잘 충족한 경쟁자를 결정하지 않았다.니콜라스 딕슨(Nicholas Dixon)은 다음과 같이 주장했다. "불운한 패자는 실패한 운동 경기의 또 다른 범주를 제공한다." 스포츠에서 경쟁은 사람의 운동 능력을 시험하는 것이라는 주장에서 일부는 그러한 견해를 시사한다.

운이 스포츠 경기의 공정성을 방해할까? 그렇다면 행운이 스포츠에 미치는 가능한 영향은 그것이 좋은 것이든 나쁜 것이든 최소화해야 할까? 운동선수의 뛰어난 역량에는 선수의 수행력이나 탁월성뿐만 아니라 운까지도 영향을 미치며, 이러한 운의 역할에 대한 우려는 운이 우리의 도덕적 평가에 어떻게 영향을 미치는지에 대한 더 큰 우려를 반영한다.

<도덕적 운>에서 대표적으로 제기한 예시는 다음과 같다.[29] A와 B라는 사람이 있다고 가정하자. 이 두 사람 모두 술에 취한 채 운전을 하다가 A는 음주운전 도중 보행자를 치는 사고를 냈고, B는 사고 없이 집에 도착하였다. 이때 B가 단순히 운으로 사람을 다치게 하지 않았다면 B가 A보다 덜 비난 받을 수 있을까? 우리의 성격과 기술조차 롤스가 "자연적인 복권"이라고 불렀던 결과를 얻지 못한 결과로

본다면, 우리의 행동이 얼마나 우리의 통제하에 있는지, 그리고 추첨의 행운에 얼마나 많은 영향을 미치는지 분명하지 않다.

실제로 누군가 천성적인 이점으로 "자연적 복권"에 대한 주장을 강력하게 밀어붙인다면, 보상은 근본적으로 도덕적 관념이 아니며 어쩌면 스포츠의 세계에 전혀 적용할 수 없는 것이라고 제기될 수도 있다. 만약 그렇다면, 가장 잘한 선수 혹은 팀은 어떠한 중요한 관점에서도 이길 자격이 없다. 그 이유는 보상의 개념이 잘해봐야 스포츠에는 적용할 수 없게끔 제한되며, 어쩌면 스포츠 외에 삶의 다른 분야에도 마찬가지일 것이기 때문이다. 따라서 기술 이론은 운이 게임을 망칠 것이라고 제한할 수 있지만, 자연적 복권 주장의 일부 버전은 재능, 기술 및 능력의 초기 운 때문에 전반적으로 스포츠의 결과에는 우리가 생각하는 것보다 더 많은 운이 따른다는 것을 간과할 수 없다.

4. 공정으로서 정의와 스포츠

스포츠란 합의된 규칙들에 의해 약속한 규정 속에 참가자들의 신체적·기능적 능력을 상대적으로 평가하고 탐색하는 것이다.[30] 그렇기 때문에 스포츠에서 승리를 얻기 위해서는 반드시 평등과 공정성을 수반해야 하며, 그 모든 과정이 평등하고 공정했을 때 승리를 인정하고 패배를 수용한다. 하지만 경기 시작 전 시합에 참여하는 선수들의 타고난 신체조건과 운동 능력은 이미 동일하지 못하며, 경기 진행 중

다양한 외부 환경 역시 선수들 모두에게 불평등하게 적용될 수 있다. 예를 들면 수영선수로서 최고의 신체조건을 갖고 태어난 펠프스, 마이클조던의 타고난 운동 재능, 유럽에서 인기 종목의 축구 선수로서 메쉬의 가치는 각 선수들의 노력에 의한 결과이기 전에 타고난 운과 사회적 운이 좋은 결과를 얻을 수 있는데 절대적으로 영향을 미쳤다고 볼 수 있다. 스포츠에서 최고의 승자가 갖는 조건은 뛰어난 신체 능력, 탁월한 기술, 선수의 노력, 선수의 인성, 그리고 운이며 이것들이 경기에 영향을 주는 요소이다. 그러나 모든 환경적 요소가 불평등한 가운데 스포츠에서 가장 중요한 가치로 평등과 공정성을 언급하는 것은 어쩌면 모순일 수 있다.

실제 공정으로서의 정의를 창시한 존 롤스는 타고난 자연적 운과 좋은 부모나 부유한 국가를 통한 사회적 혜택을 보게 되는 사회적 운은 도덕적 정당성이 없기 때문에 정당한 정의를 논하기 위해서는 운에 대하여 중립적 입장이 선행해야 함을 주장했다. 특히 두 가지 운 중에서 사회적 운은 사회 제도나 정책을 통해서 조정이 가능하며, 제도나 정책을 통해 사회적 운을 완화시키거나 약화시킬 수 있다.[31] 스포츠 경기 역시 선수들이 얻게 될 사회적 운을 단순화시키거나 약화시키기 위해 경기의 구성적 규칙과 규제적 규칙을 통해 불평등한 외적 조건들을 평등하게 수행하고자 하지만 현실적으로 완전한 평등은 이루어낼 수 없다. 왜냐하면 그러한 과정 안에서 또 다른 불평등이 존재하게 되며, 연속되기 때문이다. 결국 선천적·환경적·사회적으로 불평등한 스포츠 구조 속에서 무엇을 평등하게 하고, 무엇을 불평등하게 적용시켜 어떻게 공정성을 발휘하는지에 따라 스포츠 정의 실현의 여부를 판단할 수 있다. 일반 사회처럼 스포츠에서도 자연적·환경적·사회적 운이 경기 결과에 중대한 영향을 미치기 때문에 그러한 우연적 변수들을 방치한 채 결과를 수용하는 것은 옳은 정의관을 실현시키기 어렵다.

존 롤스의 '공정으로서의 정의관'은 자연적 운과 사회적 운에 따른 결과의 혜택은 개인의 이익뿐만 아니라 공동의 이익이라는 결과에 도달할 수 있도록 원칙에 따라 제도를 기획하고 서로 합의해야 함을 기초로 한다.[32] 또한 타고난 재능은 공동의 행운으로 간주하고 재능에 의한 성취의 영역까지도 공동자산으로 확대하여 모든 구성원의 이익을 위해서 사용되고 분배해야 한다고 생각했다.[33]

존 롤스의 공정으로서의 정의론을 실현하기 위해서는 "먼저 원칙에 따라 과정과 절차가 공정하다면 그 절차를 통해 나온 결과는 반드시 정의로울 것이다"라는 순수 절차적 정의관이 선행되어야 한다. 즉, 모든 구성원에게 공정한 몫을 분배하기 위해서는 정의를 공정함으로 이해하고 해석해야 한다. 절차가 공정해서 그러한 절차가 공정하기 때문에 정확하게 이행한다면 분명 그 결과는 정의로울 수밖에 없다. 하지만 스포츠는 승리 추구에 대한 강한 열망으로 타고난·사회적 운에 대한 통제보다는 승리에 목적을 두며 승리에 수반되는 도덕성을 배제한 채 타고난 불평등을 강화시키며 수단화하고 있다. 결국 스포츠 정의 실현의 첫 번째는 선수들의 다양한 운들을 개인이 당연하게 수용되어야 하는 것이 아니라 타고난 운을 바라보는 관점의 변화가 필요하다.

즉, 존 롤스의 주장처럼 선수들의 타고난 신체적·사회적·환경적 운들을 공동의 재산으로 인정하고, 통제가 가능한 사회적 운을 정책과 제도로서 조정해야 한다. 스포츠에서 승리라는 결과를 얻기까지 모든 선수들이 각자 갖고 있는 타고난·사회적 운을 공공의 이익을 위한 공공의 가치로 인정하고, 스포츠의 과정마다 순수 절차적 정의관에 따라 내외적으로 공정한 절차가 마련되고 모든 구성원들의 도덕적 관점에 따라 이행된다면 그 결과는 분명 정의롭지 않을 수 없다.

나가며

스포츠는 공정한 것일까?

• **John Rawls**

"우연히 타고난 운이나 사회적 여건의 우연성이 작용하여 발생한 불평등은 정당화될 수 없으며 정의를 합의하는 걸림돌이 된다고."

• **Rachel McKinnon**
(존롤스의 이론에 영향을 받음).

"스포츠에서도 자신의 타고난 유전적 자질이 월등하다고 승자의 자격을 내세우며 그에 따른 보상과 칭송을 마땅히 자신의 능력의 대가로 여기는 것은 공정하지 못해. 스포츠에서 승자는 그의 성공이 전적으로 노력에 의해 터득한 기술에 기반한 것이 아니기에 그의 승리가 전적으로 그에게 속한 것이 아니야. 따라서 불운하게도 그보다 유전적 이점을 덜 갖고 태어난 선수들과 승리의 보상과 칭송을 나누는 방법을 마련해야 해."

스포츠가 공정한 것일까?

• Andria Bianchi

"기술 원칙을 유지하면서 모든 경쟁자들이 공정하게 겨룰 수 있는 기회를 주기 위해서 이같은 핸디캡 방식은 필수가 되어야 해. 그렇지 않으면 스포츠에서는 선수들이 가진 불공평한 유전적 이점 때문에 기술 원칙을 지킬 수 없게 된다고."

• Robert Nozick

"성공한 스포츠선수의 타고난 유전적 이점은 선험적이며 자연적 권리로서 그 선수 자신의 일부야. 그렇기에 스포츠선수와 유전적 이점은 분리될 수 없으며, 그 이점으로 성취한 보상과 칭송도 마땅히 그의 권리인걸. 스포츠에서 선수들 간 유전적 재능의 차이에서 생겨난 결과의 불평등은 정의의 문제가 아니기에 스포츠 공동체가 의도적으로 교정할 사안이 아니야."

03

스포츠와 도핑

박 성 주

03

/

스포츠와 도핑*

들어가며

　　P는 대학 육상부를 맡고 있는 감독이다. P감독에게는 재능 있고 성실한 육상 단거리 선수인 이강직이란 제자가 있다. P감독은 이강직 선수를 초등학생 시절부 터 지도해 왔으며, 항상 성실한 P선수를 누구보다 아끼고 사랑한다. 이강직은 국 내 최고의 선수이긴 하지만 높은 세계의 벽을 넘지는 못했다. 두 번의 세계선수권 대회에서 모두 11위를 차지했다. 이번에 3번째 세계육상선수권 대회 참가를 앞두

---

*　저자의 논문, 『스포츠에서의 약물복용에 대한 공정성 논쟁(2007)』, 『유전자 도핑의 윤리적 쟁점과 대응방안(2015)』, 『e스포츠선수의 약물복용 문제에 관한 윤리적 고찰 (2020)』에서 일부를 발췌하여 활용하였음

고 있다. 이강직 선수는 이번 대회를 위해 2년 동안 피나는 훈련을 견뎌왔다.

대회를 한 달 앞 둔 시점, 숙소로 국내 굴지의 제약회사 사장이 이강직 선수를 찾아와 회사에서 개발한 신약에 대해 설명을 한다. 이 약의 효능은 순간적인 근력강화를 통해 폭발적인 파워를 발휘하도록 한다. 그리고 경기가 끝난 후 다른 알약을 복용하면 도핑 테스트에도 적발되지 않는다고 한다. 사장은 이강직 선수가 회사에서 개발한 약을 복용하면 한 달 뒤 세계선수권대회에서 좋은 결과를 얻을 수 있을 거라고 자신했다. 단, 현재 개발 단계인 이 약의 부작용은 5년의 생명 단축이 있을 수 있다는 것이다.

이번 세계선수권대회에서 결승에만 진출해도 이강직 선수는 10억 원의 포상금뿐만 아니라 실업팀 창단, 광고 계약, 용품 지원 등 엄청난 부와 명예를 얻을 수 있다. 이강직 선수는 고민에 빠졌다. 비록 알약을 먹으면 도핑에 걸리지 않는다고는 하지만, 왠지 불편한 마음이 든다. 게다가 몸이 편찮으신 어머니의 병원비 문제로 늘 가족이 힘들어 하고 있는 상황이다. 10억 원의 포상금은 어머니와 가족을 위해 많은 것을 해결할 수 있는 돈이다. 밤샌 고민 끝에 이강직 선수는 자신이 가장 존경하고 따르는 P감독을 찾아가 조언을 구한다.

만약 당신이 P감독이라면 이강직 선수에게 어떻게 조언할 것인가? 제약회사 사장의 제안을 받아드리라고 할 것인가, 거절하라고 할 것인가? 만약 거절하라고 한다면 그 이유는 무엇인가?

미국의 밥 골드만Bob Goldman이라는 의사는 198명의 엘리트 운동선수들을 대상으로 다음과 같은 질문을 던졌다.

"당신의 올림픽 금메달을 보장하는 마법 같은 약물이 있습니다. 하지만 단 한 가지 부작용이 있는데, 이 약을 복용 후 5년 뒤에 사망할 수도 있습니다. 당신은 이 약을 복용하겠습니까?"

놀랍게도 이 질문을 받은 198명의 엘리트 운동선수들 중 반 이상이 약물을 복용하겠다는 답을 내놓았다. 이 질문을 운동선수가 아닌 일반인도 고려해볼 수 있는 질문으로 바꿔보자.

"당신의 IQ를 200으로 만들 수 있는 마법 같은 약물이 있습니다. 이로 인해 당신은 수백억 원을 벌 수 있는 기회를 얻을 수 있습니다. 하지만 이 약물에는 단 한 가지 부작용이 있는데, 약을 복용 후 5년 뒤에 사망할 수도 있습니다. 당신은 이 약을 복용하겠습니까?"

사람들은 이 질문에 어떤 답변을 내놓을까? 다음과 같은 다양한 의견이 나올 수 있을 것이다.

K: "수백억 원을 벌면 뭐하나. 건강하게 오래 사는 게 최고지! 복용하지 않겠다."
M: "이 약이 아니어도 사람은 언제든 죽을 수 있다. 한 번뿐인 인생, 엄청난 능력을 가진 사람으로 살아보고 싶다. 복용하겠다."
U: "복용하겠다. 수백억 원을 벌어 최상의 의료혜택, 건강한 음식, 최고급 편의시설 등으로 건강을 잘 관리하여 5년 후의 죽음을 막아보겠다!"

위와 같은 물음에서의 윤리적 쟁점 중에 하나는 아마도 개인의 선택을 어떤 근거로 제지할 수 있느냐일 것이다. 달리 말해, 인간은 누구나 육체적, 정신적으로 더 강해지고 싶은 욕망을 갖고 있고, 그러한 개개인의 '향상'에 대한 욕구와 자유를 무엇을 근거로 제지할 수 있느냐의 문제이다. 오늘날 스포츠, 특히 프로스포츠는 단순한 여가활동이 아니라 엄청난 부(富)를 얻을 수 있는 생계 수단이 되었다.

사실상 스포츠는 상위 몇 퍼센트의 선수들에게만 돈이 집중되어 있는 구조이다. 경기의 결과에 따라 부, 명예, 인기 등 유형, 무형의 막대한 보상을 얻을 수 있는 상황에서 선수들에게 건강과 윤리의 문제는 우선시되지 않을지도 모른다. 스포츠 세계의 치열한 경쟁에서 살아남기 위해 신체적, 정신적 능력을 높이는 것은 선수들의 성공에 있어 무척 중요하다. 따라서 선수들은 자신이 신체적으로, 정신적으로 더 향상될 수 있다면 건강상의 위험도 마다하지 않는다.

스포츠경기에서 선수들이 자신의 신체적, 정신적 능력을 극도로 발휘하여 좋은 성적을 올릴 목적으로 근육강화제 따위의 약물을 먹거나 주사 또는 특수한 이학적(理學的) 처치를 하는 것을 도핑doping이라 부른다. 이때 사용되는 약물을 도프dope라고 하는데, 원래는 경주마에 투여하는 약물을 도프라고 했다. 국민체육진흥법 제2조 제10호에 따르면, 도핑이란 "선수의 운동능력을 강화시키기 위하여 문화체육관광부장관이 고시하는 금지 목록에 포함된 약물 또는 방법을 복용하거나 사용하는 것"으로 정의되고 있다. 1998년 사이클링 대회에서 마약 문제가 제기된 이후에 국제올림픽위원회(IOC)는 국제대회에 참가하는 스포츠선수들의 금지약물 사용을 관리, 감시, 제재하기 위해 산하에 세계반도핑기구(World Anti-Doping Agency, WADA)를 설립하였다. 1999년에 창설된 WADA는 약물복용에 관한 규정을 매해 업데이트 하고 있다. WADA는 ① 선수들의 건강을 실질적 또는 잠재적으로 위협하는 경우, ② 선수들의 경기력을 향상시키는 경우, ③ 스포츠정신과 공정성을 훼손하는 경우, 이 3가지 경우 중 두 가지

이상에 해당하는 약물을 공식적인 금지목록으로 등재하여 제지하고 있다.[1]

그러나 대다수의 경기력 향상 약물(Performance Enhancing Drugs: PEDs)이 '일반인에게는 허용되면서 선수에게는 금지된 약물'이라는 점에서 스포츠선수의 '자기결정권'에 대한 개입이 정당화될 수 있느냐의 문제가 제기된다. 즉, 도핑은 스포츠선수에게만 적용되는 규율로서 일반인이 치료목적으로 금지물질인 PEDs를 사용했다면 그것은 형사책임의 범주에 들어가지도 않는다.[2] 가령 스포츠선수에게 금지된 기면증(대낮에 참을 수 없이 졸리고 수면에 빠지는 병증) 치료제인 모다피닐modafinil이란 약물은 군인, 연구원, 학생, 기업가들이 잠을 자지 않고 깨어 있는 시간을 증가시키기 위해 사용하는 대표적인 약물 중의 하나이다. 일반 사람들이 자신들의 퍼포먼스 향상을 위해 이러한 향정신제를 사용하는 것과 스포츠에서 성공하려는 선수들이 이러한 향상 약물을 사용하는 것에 대해 다른 잣대를 들이대는 근거가 모호하다. 예를 들면, 콩쿠르와 같은 음악 경연대회에서 참가자가 불안과 긴장감을 해소하여 경쟁에 우위를 차지하기 위해 베타 차단제beta-blocker(협심증 및 고혈압 치료제)와 같은 약물을 복용하는 것에는 어떠한 제재나 윤리적 비난도 없다. 이러한 점 때문에 도핑을 선수 개인의 자율적 권리 및 선택의 문제로 보는 입장도 존재한다.

한때 국내 학생들 사이에 시험공부를 위해 자양강장제나 캔커피에 카페인이 함유된 '레드불'이나 '핫식스' 같은 에너지음료를 섞은 일명 '붕붕드링크'가 유행하였다. 일부 스포츠선수들이 자신의 운동

능력 혹은 경기력을 향상시키기 위해 아나볼릭 스테로이드를 사용하는 것처럼 실제로 학생, 연구원, 직장인도 자신의 인지능력 증진을 목적으로 리탈린Ritalin, 모다피닐modafinil, 애더럴adderall 같은 신경 향상 약물을 복용하고 있다. 그렇다면 중요한 시험을 성공적으로 치르기 위해 카페인이 가득한 수십 잔씩 마시면서 밤늦도록 공부하는 학생과 기면증 치료제인 모다피닐을 복용하면서 공부하는 학생 간에는 어떤 윤리적 차이가 있는 것일까? 국가공무원 공채 시험에 합격하기 위해 모다피닐을 복용하는 수험생과 스포츠선수로서 치열한 경쟁에서 살아남기 위해 모다피닐을 복용하는 것에는 윤리적으로 어떤 차이가 있는 것일까? 전자는 허용되고, 후자는 금지되어야 하는 것일까? 그렇다면 그 근거는 무엇이고 기준은 어떻게 정해야 하는 것일까?

점점 커져가는 스포츠의 상업적 가치와 금전적 보상 등이 스포츠선수들에게 암페타민이나 아나볼릭 스테로이드 같은 경기력 향상 약물 사용에 대한 유혹을 야기함으로써 스포츠계는 PEDs의 허용과 금지에 대한 매우 어려운 논쟁을 마주하고 있다. 서두에서 제시한 이강직 선수의 사례에서, P감독은 사랑하는 제자인 이강직 선수에게 어떤 조언을 해야 하는 것일까? 도핑은 '왜' 금지되어야 하는 것일까? 이번 장에서는 도핑을 둘러싸고 있는 논란의 쟁점이 무엇인지를 짚어보고, 왜 그것이 쟁점이 되는지를 살펴보고자 한다.

1. 치료(Therapy) vs 향상(Enhancement)

스포츠에서 부정행위는 스포츠의 시작부터 함께 있어왔다고 해도 과언은 아니다. 그 역사는 그리스 올림피아에서 열렸던 올림픽 경기장으로까지 거슬러 올라간다. 상대편을 매수하는 등의 부정행위가 초기 올림픽 경기 때부터 금지된 것이었던 반면, 약물복용은 고대 그리스 도시 국가들에서 제도화되어 있었고 근대까지 부정행위로 간주되지도 않았다.[3] 1929년 암페타민amphetamine의 개발과 더불어 20세기 중반에 강력한 각성제, 흥분제 등의 복용이 스포츠계와 사회 전반에 퍼지게 되었다. 메틸페니데이트, 암페타민, 모다피닐, 피라세탐과 같은 약리학적 신경 향상 물질들은 사람을 해치려고 만든 약물이 아니라 사람을 치료하기 위해 개발된 치료제이다. 당연히 적절하게 복용한다면 해로움harm보다 이로움benefit을 제공하는 약물들이고, 인지적 향상, 즉 주의력, 집중력, 뇌 기능 증진에 효능이 있다고 알려진 치료제다.

스포츠에서의 경기력 향상 약물PEDs 복용문제에 있어 중요한 쟁점 중에 하나는 바로 치료therapy와 향상enhancement의 구분이다. 일반적으로 치료는 손상된 기능과 능력을 정상 범주로 회복시키는 의료 차원의 개입을 의미하고, 향상은 인위적인 개입을 통해 정상적인 기능과 능력을 한층 더 높이는 것을 말한다.[4] 따라서 스포츠선수의 PEDs 사용 목적이 다친 부위를 치료하여 원래의 상태로 건강을 회복시키려는 것이라면 문제될 것이 없지만, PEDs의 사용 목적이 치료와 더불어 정상상태를 넘어서는 것이라면 윤리적으로 문제가 된다는 것이다.

하지만 문제는 이와 같은 치료와 향상을 어떻게 구분하느냐는 것이다. 즉, 스포츠에서 정상상태를 넘어서게 하는 '향상'을 위한 PEDs 사용은 금지한다고 하지만, 문제는 이것을 치료를 위한 PEDs 사용과 명확히 구분하기가 어렵다는 것이다. 근육을 "치료"하기 위한 약물복용과 근육을 "향상"하기 위한 약물복용을 구분할 수 있는 기준은 무엇일까? 어디까지가 치료이고, 어느 기준을 넘어서면 향상이 되는 것일까? 분명 치료와 향상의 차이는 있지만 이를 구분하는 경계선을 설정하는 것은 거의 불가능한 일이다.

스포츠에서 승리는 중요하다. 더욱이 고도로 상업화된 현대 스포츠에서 승리에 대한 막대한 금전적 보상은 스포츠선수로 하여금 승리하기 위한 모든 방법을 동원하도록 만든다. 하지만 스포츠선수들이 치료가 아닌 단지 경기력 향상 목적으로 약물을 복용하는 행위는 경쟁하는 다른 선수에 대해 불공정한 이득을 취하는 것이다. 그렇다면 스포츠선수의 PEDs 사용이 정말 불공정한 것일까? 과연 다른 경쟁 선수들에 대해 불공정한 이득을 취함으로써 불공정한 경쟁을 초래하는 것일까?

2. 공정성(Fairness)

공정성은 도핑과 관련된 주제의 토론에서 가장 흔히 거론되는 논점 중에 하나이다. 즉, 스포츠선수가 자신의 경기력 향상을 위해 PEDs를 사용하는 것은 스포츠의 공정성에 위배된다는 것이다. 스포츠는 정해진 규칙에 기초하여 모든 선수가 기본적으로 같은 조건하에 승패를 가리는 것이기 때문에 도핑은 스포츠에서 경쟁의 기본 전제조건에 어긋나는 불공정한 행위이다. 가령 한 선수가 경기력에 있어 그에게 결정적인 이득을 주는 무언가를 경쟁에 참가한 다른 선수들 몰래 사용하고 있다면 그것은 경쟁의 기본적인 전제에 해당하는 공정성에 위배된다. 스포츠에서는 경쟁에 참가한 모든 선수가 기본적으로 같은 조건을 가짐을 전제로 한다. 그래야 선수들 간의 경쟁이 공정하게 이루어질 수 있고, 선수들의 재능, 노력, 투지 등을 공정하게 평가할 수 있다. 따라서 P라는 100m 육상선수가 경기력 향상을 위해 스테로이드를 복용했다면, 그는 함께 경쟁에 참가한 스테로이드를 복용하지 않은 다른 선수들이 얻을 수 없는 이득을 단지 본인만 얻음으로써 똑같은 조건에서 이루어져야 하는 100m 육상경기를 불공정한 경쟁으로 만들게 된다. 이때 P선수의 스테로이드 복용으로 얻은 일련의 이득은 스포츠에서는 불공정한 혜택unfair advantage으로 간주되기에 결코 허용되어서는 안 된다는 것이 공정성에 근거한 반도핑 주장의 핵심 내용이다.

하지만 공정성이 쟁점이 되는 이유는 이에 대한 설득력 있는 반론 또한 존재하기 때문이다. 경쟁에 참가한 스포츠선수들이 가질 수 있는 불공정한 혜택을 모두 제거한다는 것은 거의 불가능한 일이다. 스포츠에서 경쟁이라는 것은 한 선수가 다른 선수보다 우월하다는 것을 보여주는 것이다. 따라서 선수들 사이에 심리적, 신체적, 생리적 혹은 경제적 불공평함이 있는 것은 당연한 것이며 오히려 바람직한 것이라 할 수 있다. 가령 최상급 스키장이 즐비한 캐나다나 스위스에서 자란 스키선수는 한국의 스키선수들에 비해 불공평한 혜택을 이미 갖고 있지 않은가? 고지대(저산소 환경)에 사는 장거리 달리기 선수는 저지대에 사는 선수에 비해 산소섭취량 측면에서 이미 불공평한 혜택을 갖고 있지 않은가? 선수들의 평균 키가 상대적으로 훨씬 큰 미국 농구팀과 한국 농구팀이 경기를 한다면 미국 팀이 경쟁 이전에 이미 불공평한 혜택을 갖고 있지 않은가? 부유한 국가의 스포츠선수들은 첨단기술의 훈련장비 및 시설, 과학적 훈련방법과 식이요법 등의 측면에서 가난한 제3 국가의 선수들에 비해 불공평한 혜택을 얻고 있는 것이 아닌가? 더 나아가 유전적으로 엄청난 신체적 조건과 재능을 타고난 선수는 그와 같은 선천적 재능을 타고나지 못한 다른 선수들에 비해 불공평한 혜택을 이미 갖고 있지 않은가? 과연 스포츠에서 모든 선수들을 똑같은 출발선상에 세울 수 있는가? 달리 말해, 경쟁 이전에 모든 선수들을 똑같은 조건으로 맞추는 것이 과연 가능한가?

경기력 향상을 위해 끊임없는 훈련이 아니라 PEDs를 사용하는 행위는 일종의 속임수를 사용하는 것이고, 해당선수에게 부당한 이점을 제공하여 선수들 간의 불공정한 경쟁을 야기한다는 것이 도핑을 금지하는 핵심 근거이다. 하지만 위에서 언급한 예들도 경기력에 있어 한 선수가 다른 선수에 대해 가질 수 있는 결정적 이점이 될 수 있다. 그리고 스포츠에서 이러한 이점들은 선수들 간에 불공평한 조건을 만들고 있다. PEDs 사용으로 획득된 이득은 불법적이고 불공정한 것인 반면, 왜 다른 불공평한 조건들로 얻어질 수 있는 이점은 합법적이고 공정한 것인가? 이에 대한 설득력 있는 답변을 내놓지 못한다면, "공정성을 훼손하기 때문에 PEDs의 사용은 금지되어야 한다"는 주장은 일관성의 결여로 지지를 받을 수 없을 것이다.

이처럼 스포츠에서 PEDs 허용여부에 대한 공정성 쟁점은 서로 상반되는 입장이 존재한다. 대부분의 사람들은 스포츠에서 공성성은 스포츠의 본질적인 요소라고 믿고 있으며, 도핑을 반대하는 가장 큰 이유 또한 바로 이 공정성 훼손에 대한 우려 때문일 것이다. 하지만 공정성은 스포츠에서 PEDs 사용을 금지할 수 있는 정당성으로 모호한 측면이 있기에 보다 일관성 있고 논리적인 근거가 필요하다.

3. 강요(Coercion)

스포츠에서 경기력 향상을 위한 PEDs의 사용이 허용될 경우, 선수들 사이에 PEDs 사용에 대한 압박과 압력이 만연할 수 있다. 더욱이 PEDs 사용을 원치 않는 선수들을 향한 그러한 압박은 개인의 자유로운 선택권에 대한 심각한 위협이 될 수 있다. 즉, 자신은 PEDs 사용을 원하지 않지만 자신과 경쟁하는 상대 선수들이 PEDs를 사용한다면 그들과 경쟁하기 위해서는 어쩔 수 없이 PEDs 사용을 선택할 수밖에 없는 상황에 놓인다는 것이다. PEDs 허용여부와 관련하여 이러한 주장을 소위 "강요 논쟁coercion argument"이라 부른다. 만약 PEDs 사용을 금지하지 않는다면 선수들 대부분은 PEDs를 사용할 가능성이 높다. PEDs의 사용이 선수들의 경기력 향상에 영향을 미친다면, PEDs를 사용하지 않고 경쟁에 임하는 선수들은 심각한 경쟁적 열위에 놓이게 될 것이다. 따라서 이를 금지하지 않는다면, PEDs 사용을 원치 않는 선수들은 경쟁적 열위에서 경기에 임하거나, 아니면 결국 PEDs를 사용할 수밖에 없게 된다. 이처럼 선수들은 PEDs 사용에 대해 암묵적으로 강요받게 되고, 동시에 무분별한 PEDs 사용으로 인해 그들의 건강 또한 위험에 처하게 될 것이다. 따라서 스포츠에서 PEDs 사용을 허용하는 것은 안정상의 위험을 감수할 만큼 가치 있다고 여기는 선수들의 자유는 증진시킬지는 모르지만, PEDs 사용을 원치 않는 선수들에게는 PEDs를 사용해야만 하는 압박을 초래하여 결국 그들의 건강에 해를 끼치게 될 것이다.

하지만 이러한 '강요' 주장에는 다음과 같은 논리로 반론이 제기될 수 있다. 예를 들면, 고중량, 고강도 웨이트 트레이닝은 심각한 부상을 초래할 수 있는 위험한 운동이다. 선수들이 근력을 향상시키기 위한 방안으로 고중량 웨이트 트레이닝을 행하는 것이 허용된다면, 많은 선수들이 고중량 웨이트 트레이닝을 행하게 될 것이다. 이는 곧 고중량 웨이트 트레이닝의 경험이 없고, 그러한 트레이닝을 원치 않는 선수들 또한 경쟁에 살아남기 위해 고중량 웨이트 트레이닝을 해야만 하는 '압박'을 초래할 것이다. 이는 선수들에게 고중량 웨이트 트레이닝을 행하도록 암묵적으로 강요하는 것이며, 동시에 그들을 심각한 부상의 위험에 노출시키는 것이다. 그렇다면 선수들이 고중량, 고강도 웨이트 트레이닝을 하지 못하도록 규제해야 하는가?

또 다른 가정을 해보자. 어느 학교에 시험에서 1등을 차지한 K학생이 있다. K학생은 하루에 카페인이 가득한 커피를 다섯 잔씩 마시면서 다른 학생들에 비해 수면 시간을 줄여서 공부를 한다. 그런데 카페인이 가득한 커피를 원하지 않는 학생들이 K학생과 1등을 경쟁하기 위해서는 커피를 마실 수밖에 없는 압박을 받고, 동시에 건강 또한 나빠질 수 있으니 수험생들이 커피 마시는 것을 금지시켜 달라고 요구한다면, 이러한 요구가 과연 타당한가? 또한 만약 건강을 문제 삼는다면, 특정 스포츠에 참가하는 것만으로도 선수들의 안전과 건강에 심각한 위험을 초래할 수 있다는 지적이 제기될 수 있다. 즉, 스포츠 자체가 지니고 있는 위험성을 고려해보면, PEDs 사용이 선수들의 건강을 위협하기 때문에 금지해야 한다는 주장은 설득력이 떨어진다. 예를 들어, 종합격투기UFC, 행글라이딩, 미식축구, 암벽등반, 산악스키, 모터사이클 경주와 같은 스포츠에 참여하는 것 자체가 건강과 안전 측면에서 PEDs의 사용보다 더욱 위험할 수도 있다는 것이다.

이러한 점 때문에 스포츠철학자 롤랜드는 선수의 건강에 해롭다는 이유로 PEDs를 금지하는 것은 그 근거가 불충분하다고 주장한다.[5] 경기력 향상 약물PEDs이 건강상에 위험이 있다고 하더라도 개인의 건강에 대한 결정은 바로 개인 자신에게 달려 있는 것이 아니냐는 주장 또한 PEDs 관련 논쟁에 있어 주된 쟁점이다. 철학자 브라운w. Miller Brown 또한 스포츠선수는 마땅히 자기 신체소유권을 가지고 있으며, 위험성에 대해서도 인지하고 있기 때문에 스스로 특정 약물을 복용하겠다는 선택을 제지하는 것은 개인의 자율권을 침해하는 것이라고 주장한다.[6] 즉, 타인에게 해를 끼치지 않는다면, 자신의 건강상 위험을 감수하고라도 PEDs를 복용하겠다는 개인의 선택을 제지해서는 안 된다는 것이다. 인간은 스스로 결정하고 판단할 수 있는 자율성이 있기에 개인이 경기력 향상 약물을 이용할 것인지의 여부는 스스로 자유롭게 결정할 수 있어야 한다는 것이다.[7]

강요 논쟁coercion argument을 요약하면 다음과 같다. 스포츠선수들의 PEDs 사용을 금지하지 않는다면, 선수들은 PEDs를 사용하거나 PEDs 사용 없이 경쟁적 열위로 경기에 임하거나, 둘 중 하나를 선택해야 하는 상황에 놓이게 된다. 이러한 상황을 그냥 내버려 둔다면, 결국 선수들이 PEDs를 사용하도록 강요하는 것이고, 그 결과 그들의 건강상 위험도 야기하게 된다. 또한 선수들이 이와 같은 방식으로 강요를 받게 된다면, 그들의 자율적 선택권도 훼손되는 것이다. 그러므로 스포츠에서 선수들의 PEDs 사용은 반드시 금지되어야만 한다. 인간의 자율권이 기본적인 가치임을 고려할 때, 이와 같은 '강요' 주장은 PEDs 사용 규제를 뒷받침할 수 있는 설득력 있는 근거를 제공할 수 있을 것이다. 하지만 앞서 살펴본 바와 같이, 강요 주장 또한 몇 가지 논리적 허점을 지니고 있으며, 특히 '자율적 선택권'에 대한 상반되는 쟁점이 여전히 남아있다.

4. 스포츠 본질(Essence of Sport)

PEDs 사용을 반대하는 입장은 PEDs가 자연적인 혹은 정상적인 인간의 능력, 그 이상을 가진 선수를 만들어냄으로써 인간의 존엄성을 위협할 뿐만 아니라 비인간화를 초래하여 인간이 하는 스포츠로서의 본래적 가치들을 훼손할 것이라고 비판한다. 또한 PEDs에 의해 향상된 능력이나 승리는 혹독한 훈련을 인내하며 신체적, 정신적 한계를 극복하여 쟁취한 승리에 가치를 부여하는 스포츠 본연의 정신에도 위배된다고 주장한다. 즉, PEDs의 도움을 받아 이루어진 스포츠선수의 성취는 오로지 자신의 땀과 노력을 통해 얻어진 스포츠선수의 성취와 그 의미와 가치가 다르며, 스포츠에서 추구하는, 그리고 추구해야 하는 가치는 후자라는 것이다. PEDs를 아픈 사람을 치료하는데 사용하는 것이 아니라 의도적으로 선수들의 운동능력을 극대화하는데 사용하는 것은 선수들을 상품화하는 것이나 다를 바 없으며, 그로 인해 스포츠에서 중요한 가치와 개념들은 결국 빛을 잃게 될 것이다.

가령 올림픽 육상경기 100m 결승에 올라온 모든 선수들이 똑같은 제품, 똑같은 양의 아나볼릭 스테로이드를 복용했다고 가정해보자. 1등부터 8등까지 결승선을 통과한 순위가 결정되었다면 선수들이 똑같은 아나볼릭 스테로이드를 복용했지만 그들의 신체는 그 약물에 똑같이 반응하지 않았다는 주장이 최소한 가능하다. 결승선을 통과한 순위는 같은 제품의 아나볼릭 스테로이드에 대해 가장 효과를 본 선수의 순위라고 볼 수 있을 것이다. 달리 말해, 1등을 차지한 선수의 승리는 그의 신체적 탁월함으로 얻어진 승리라기보다는 똑같은 약물에 생리학적으로 가장 효과적인 반응을 보인 그의 육체의 승리라고 볼 수 있을 것이다. 따라서 스포츠에서 PEDs 사용을 금지하지 않는다면, 특정 약물에 대해 반응하는 신체능력이 경쟁에서 성공과 실패를 좌우하는 결과를 초래함으로써 스포츠를 인간 대 인간의 경쟁이라기보다는 어떤 약물이 선수의 신체에 더욱 효과적으로 반응하는지를 겨루는 약물 대 약물의 경쟁으로 만들 수 있다. 달리 말해, PEDs의 허용은 스포츠를 인간의 신체적 탁월함을 테스트하는 경연장에서 어떤 약물이 우수한지, 혹은 누구의 신체가 약물에 더욱 잘 반응하는지를 테스트하는 경연장으로 바꿀 것이다.

그러나 이러한 '스포츠 본질'에 근거한 주장에 대한 반론도 만만치 않다. 경기력 향상 약물이란 것은 누구나 복용만 하면 엄청난 능력을 갖게 만드는 마법약이 아니다. 또한 PEDs를 복용한다고 해서 누구나 엘리트 스포츠선수가 될 수 있는 것은 더더욱 아니다. 즉, 취미로 달리기를 하는 사람이 스테로이드(근육강화제)를 복용한다고 해서 세계육상선수권 대회에서 우승자가 될 수는 있는 것이 아니다. 암페타민이나 아나볼릭 스테로이드 같은 약물이 스포츠선수들의 근력, 집중력, 회복력 등에 도움이 될 수 있을지언정 그들에게 초능력을 주는 약으로 생각해서는 안 된다. 스포츠에서 PEDs를 사용하여 경쟁하는 것은 열심히 노력하지 않고 손쉽게 승리를 얻으려는 것이기에 일종의 속임수를 사용하는 것이라고 주장하지만, PEDs 사용이 선수들의 훈련을 위한 노력을 더욱 효과적이게끔 한다면, 즉 더 나은 성취를 가져오게 한다면 그것은 노력과 분투를 개재한 것이므로 단순한 속임수로만 볼 수는 없다. 스포츠철학자들[8] 또한 인간은 본래 자기 증진이라는 욕구를 가진 존재이기에 자신의 신체적, 정신적 능력을 향상시키는 것이 타인에게 해를 끼치지 않는다면, 개인의 자율적 판단과 선택권을 존중해야 한다고 주장한다.

과학기술의 발전에 따른 새로운 스포츠장비들을 예로 들어보자. 유리섬유로 만들어진 장대높이뛰기의 고탄력 장대pole, 진동을 최소화하는 첨단소재의 테니스라켓, 공기저항을 최소화하기 위해 폴리우레탄으로 제작된 쇼트트랙 선수의 유니폼, 탄소섬유 플레이트plate를 장착한 마라톤 선수의 운동화 등은 각 종목에서 상당한 경기력 향상을 가져왔다. 달리 말해, 스포츠선수는 첨단 과학기술을 장착한 장비 사용을 통해 자신의 경기력을 향상시키고 있다. 탄소섬유와 유리섬유로 만들어진 과학적 장대는 이전에 도달할 수 없을 거라고 믿었던 높이를 장대높이뛰기 선수들로 하여금 성취할 수 있도록 만들었다. 왜 인간으로서 도달하기 힘들다고 믿었던 9.79초의 100미터 기록을 성취할 수 있도록 도와주었던 스테로이드의 사용은 금지되어야만 하고, 인간으로서 도달할 수 없다고 믿었던 높이를 성취할 수 있도록 도운 유리섬유 장대는 허용되어지는가? 왜 PEDs 사용이 허용되면 약물 대 약물의 경쟁이 될 것이라고 우려하면서 과학기술의 사용에 있어서는 장비 대 장비의 경쟁이 될 것이라고 걱정하지 않는가? 왜 PEDs 사용은 스포츠의 순수한 목적을 위협하는 것으로 간주하면서 고도로 발달된 최첨단 운동장비의 사용에는 똑같은 논리를 적용하지 않는 것인가? 자신에게 선천적으로 주어진 것들을 새로운 의료기술을 활용하여 더 증진하거나, 더욱 발전시키려는 개인의 선택과 판단을 비난할 수 있을까? "더 빠르게, 더 높이, 더 강하게"라는 올림픽 모토를 실천할 수 있는 다양한 기술과 안전한 방법이 있다면 과연 그것을 활용하는 선수의 선택이 스포츠정신과 가치를 훼손한다고 말할 수 있을까?

이처럼 PEDs 사용이 과연 스포츠 본질을 위협하는가의 문제 또한 서로 다른 생각과 관점이 존재하기에 논쟁의 여지가 많다. 의학기술의 발달로 점점 높아지는 약물의 안전성, 개인의 자율성을 점점 더 중요시하는 사회적 풍토, 그리고 경쟁이 더욱 고도화되는 가운데 변해가는 스포츠 본질의 개념을 고려해 볼 때, 스포츠선수의 PEDs 사용을 금지하는 현재의 규정은 힘을 잃어갈 가능성이 크다. PEDs의 사용이 스포츠 본연의 가치를 훼손할 것이라고 주장하지만, 그 훼손되는 가치가 과연 무엇인지는 불명확하다. 따라서 스포츠에서 PEDs 사용을 금지하기 위해서는 스포츠의 본질이 무엇이고, 스포츠 본연의 가치가 무엇인지에 대한 명료한 개념정의가 선행되어야 하며, 이를 토대로 보다 설득력 있고 현실적인 논거들이 다양하게 확보되어야 할 것이다.

5. 롤 모델(Role Model)

롤 모델role model의 정의를 사전에서 찾아보면, '존경하며 본받고 싶도록 모범이 될 만한 사람 또는 자기의 직업, 업무, 임무, 역할 따위의 본보기가 되는 대상'이라고 나온다. 사람들은 자신의 삶의 어느 한 부분에서 모방할 가치가 있는 사람을 표본으로 정하여 그 사람의 행동, 가치관, 태도 등을 모방하며 그 사람과 자신을 동일시하려고 한다. 따라서 올바른 롤 모델을 설정하는 것은 미래의 목표를 구체화할 수 있고, 목표를 향한 동기부여가 되며, 위기에 직면했을 때 어떻게 헤쳐 나가야 하는지 해법을 제시해준다는 점에서 매우 중요하다. 롤 모델은 나이를 막론하고 많은 사람에게 영향을 줄 수 있지만, 그 중에서도 10대 청소년들에게, 특히 10대 운동선수들에게는 롤 모델의 역할이 더욱 중요하다. 왜냐하면 어린 학생선수들은 또래의 일반 학생들에 비해 목표의식이 뚜렷하고, 그 목표를 향해 가는 데 있어 롤 모델이 엄청난 동기부여를 제공하며, 또 그 롤 모델이 자신이 겪는 어려움을 헤쳐 나간 사람들이기에 롤 모델로부터 해법을 찾으려하기 때문이다. 가령 스포츠신문 1면에 "국민적 영웅 손흥민 선수의 지치지 않는 체력은 도핑에 의한 것"이라는 헤드라인으로 기사가 게재되었다고 가정해보자. 이는 일반 국민뿐만 아니라 제2의 손흥민을 꿈꾸는 유소년, 청소년 축구 선수들에게는 엄청난 파급효과를 가질 것이다. 자신의 롤 모델이 도핑을 통해 성공할 수 있었다고 생각하게 된다면 어린 선수들도 땀과 노력에 의한 결과를 얻으려하기보다 도핑에 의지하게 될지도 모른다.

오늘날 스포츠는 현대인의 단순한 취미를 넘어서 이제는 중요한 생활의 일부분이고 영향력을 가진 하나의 문화가 되었다. 스타 선수들의 일거수일투족이 대중매체에 노출되고, 그들의 운동기술뿐만 아니라 SNS, 인터뷰, 행동, 패션 등은 엄청난 사회적 파장과 영향력을 가지게 되었다. 많은 유소년, 청소년, 그리고 대중들이 스포츠선수들을 좋아하고, 모방하고, 존경하며 롤 모델로 삼고 있다. 특히 어린 학생선수들은 롤 모델로 삼고 있는 선수의 기술, 행동, 패션, 말투뿐만 아니라 심지어 나쁜 행동이나 습관까지도 닮고 싶어 한다. 따라서 유명 스포츠선수들의 성공이 PEDs 사용에 의한 것으로 알려진다면, 이들을 롤 모델로 삼고 있는 어린 학생선수들도 PEDs 사용을 모방할 것이며, 결과적으로 어린 학생선수들의 건강과 삶에 심각한 해를 끼치게 될 것이다. 이것이 바로 '왜 도핑을 금지해야 하는가?'에 대한 하나의 답변이 된다.

이러한 롤 모델에 근거한 도핑 금지 정당성은 매우 설득력이 있지만, 이에 대한 반론 또한 제기될 수 있다. 스포츠선수들은 반드시 일반 대중들의 모범이 되고, 특히 어린 학생선수들이 존경할 수 있는 롤 모델이 되어야만 하는가? 만약 그렇다면, PEDs 사용뿐만 아니라 스포츠선수의 음주, 흡연, 저급한 언어 사용, 불건전한 이성관계 등 청소년에게 부정적인 영향을 끼칠 수 있는 모든 행동, 즉 모범적이거나 윤리적이지 못한 모든 행동에 대해서도 규제를 해야 하는 것이 아닌가? 스포츠선수의 입장에서 볼 때, 그들은 다른 직업군의 사람들처럼 그들이 남들보다 잘하고 좋아하는 일에 종사하고 있을 뿐이다. 단지 대중의 관심을 받고 자의적이든 타의적이든 사회적 영향력을 끼치는 정도가 다른 어떤 사람들보다 크기 때문에 그들이 롤 모델이 되어야 한다면 공직자는 물론이고 대학교수, 의사, 법관, 과학자, 유명 연예인 모두가 롤 모델이 되어야 할 것이다.

스포츠선수는 남들이 가지지 못한 특별한 운동 능력과 기술을 가졌지만 일반인들과 똑같은 사회적, 도덕적 책임을 가진 평범한 시민이다. 그들이 우리 사회에서 롤 모델로서 더 큰 도덕적 책임감을 가질 것을 기대할 수는 있으나 강요는 할 수 없을 것이다. 스포츠선수는 경기장 안에서 정해진 규칙을 따르고 경쟁 상대에게 최고의 도전을 제공하기 위해 피나는 훈련을 한다. 하지만 경기장 밖에서 그들이 윤리적인 사람이 되어야 한다는 책임은 또 다른 것이다. 개인이 '특별한' 운동재능을 가졌기 때문에 경기장 밖에서도 '특별한' 도덕적 책임감을 가져야 한다는 주장은 지나친 억측일 수 있다.

물론 도핑이 어린 학생선수들에게 미치는 영향력은 흡연, 음주, 욕설과는 큰 차이가 있다. 더욱이 자신의 롤 모델 선수가 PEDs 사용을 통해 성공한 것을 지켜본다면, 경기력이 학생선수의 미래를 결정하는 스포츠 세계의 특성상, 도핑은 어린 선수들뿐만 아니라 부모, 코치에게도 뿌리치기 힘든 유혹이 될 수 있다. 또한 프로선수들의 도핑 사례는 그들을 롤 모델로 삼는 어린 선수들에게 승리지상주의적 태도를 심어주고 스포츠의 진정한 가치와 본질을 왜곡시킬 수 있다. 따라서 롤 모델에 근거한 PEDs 사용 금지에 대한 주장은 충분히 설득력이 있다. 스포츠선수들이 '성직자'가 되어야 한다는 것이 아니라, 일반 대중뿐만 아니라 수많은 어린 학생선수들이 자신을 롤 모델로 삼고 있다는 것을 인식해야 한다는 것이다. 누군가의 꿈으로서, 누군가의 롤 모델로서 스포츠선수는 자신의 행동에 대해 사회적 책임감을 갖도록 노력해야 할 것이다.

나가며

이제 다시 서두에 제시한 이강직 선수의 사례로 돌아가보자. 당신이 P감독이라면 당신의 제자 이강직 선수에게 어떻게 조언할 것인가? 제약회사 사장의 제안을 받아드리라고 할 것인가, 거절하라고 할 것인가? 만약 거절하라고 한다면 그 이유는 무엇인가? 이번 장에서는 스포츠에서의 PEDs 사용에 관한 다섯 가지 윤리적 쟁점으로 치료와 향상의 구분, 공정성, 강요, 스포츠 본질, 롤 모델을 제시하고 각 쟁점별로 찬성자와 반대자가 내세우는 주장을 검토함으로써 왜 극명하게 대조되는 입장이 존재하는지, 그리고 이들 각 입장의 바탕이 되는 가치이론이 무엇인지에 대해 설명하였다. 강해지고 싶고, 승리하고 싶은 스포츠선수들의 강한 욕구는 PEDs 사용에 대한 유혹으로부터 벗어나지 못하게 할 것이며, 이와 함께 의학기술의 발전은 점점 더 강력하고, 더 안전한 PEDs를 개발해 낼 것이다. 따라서 이러한 PEDs 사용의 윤리적 쟁점에 대한 논의가 선행되어야 도핑이 스포츠에 야기할 수 있는 문제가 무엇이고, 이를 예방하기 위한 방안도 효과적으로 모색할 수 있을 것이다.

여기서 다루어진 논의들이 결코 PEDs 사용을 옹호하는 것으로 받아져서는 안 될 것이다. 스포츠계의 약물사용 이슈는 학술적으로,

사회적으로 항상 논쟁의 대상이 되고 있지만 스포츠선수의 PEDs 사용은 오늘날까지도 근절되지 않고 있다. 따라서 PEDs 사용 금지를 정당화할 수 있는 일관성 있고 논리적인 설명이 필요하다. 우리는 스포츠선수의 PEDs 사용 문제에 대해 비판적 사고 없이 PEDs 사용은 불공정한 나쁜 행위라는 단순한 믿음을 가지고 있다. 이에 이번 장에서는 PEDs 사용은 허용되어서는 안 된다는 주장들이 과연 스포츠에서 PEDs 사용 금지를 지지할 수 있는 충분한 정당성을 확보하고 있는지를 비판적으로 살펴보았다. 이는 스포츠에서의 PEDs 허용여부에 대한 윤리적 판단을 내리는데 최소한의 함축적 의미를 제공하여 줄 것으로 생각된다.

04

스포츠와 동물윤리

이 승 훈

04

/

스포츠와 동물윤리

들어가며

우리가 살고 있는 이 시기는 바야흐로 반려동물(伴侶動物)의 시대라고 표현하더라도 과언이 아닌 시기이다. 대한민국뿐만 아니라 지구촌 곳곳에서 개나 고양이를 비롯한 각종 동물, 즉 반려동물을 양육하는 것이 하나의 문화로 자리매김하였다. 반려동물이 관심받기 시작한 이유는 출산율 저하, 결혼 기피현상 등으로 인해 과거와는 달리 가족 구성원이 상대적으로 감소하고 1인 가구가 증가한 것이 주요 요인이라 할 수 있다[1]. 뿐만 아니라 사회생활이나 직장생활 등에서 인간관계에 지친 사람들이 동물에 의지하고 마음을 여는 등의 요인도 있을 수 있다. 농림축산식품부[2]에 따르면, 2019년 기준 국내 반려동물 양육 가구는 591만 가구이며, 총 856만 마리의 반려동물이 있다고 발표하였다. 이처럼 반려동물 1,000만 시대가 도래한 것이 대한민국의 현실이라 할 수 있을 것이다. 이러한 현실에서 아직까지 동물에 대한 반윤리적 문제가 만연하고 있다는 것은 상당히 모순적인 상황이라 할 수 있다. 여기에서는 스포츠에서 나타나는 동물윤리의 기본 개념에 대해 살펴보고 그에 대한 역사와 문제를 다루면서 생각할 수 있는 시간을 가져보겠다.

1. 종차별주의와 반종차별주의

동물윤리에서 제일 먼저 알아야 할 내용은 바로 동물윤리와 관련된 윤리 이론이라 할 수 있다. 동물윤리의 근간이 되는 몇 가지 이론은 다음과 같다.

1 종차별주의

동물윤리를 다루는 데 있어서 가장 먼저 논의해야 할 이론은 바로 '종차별주의(speciesism)'이다. 종(種)차별주의는 영국의 심리학자인 리처드 라이더R. Ryder가 처음으로 제기한 것인데, "자기가 소속되어 있는 종의 이익을 옹호하면서 다른 종의 이익을 배척하는 편견 또는 왜곡된 태도[3]"를 의미한다. 라이더가 처음 제기하였지만 당시에는 큰 지지나 관심을 받지 못하다가 1970년대 피터 싱어P. Singer에 의해 본격적으로 대중화된 이론이라 할 수 있다.

앞서 언급한 바와 같이 종차별주의는 자신이 속한 종의 이익은 옹호하는 반면, 자신이 속하지 않은 종의 이익은 배척하는 편견이나 왜곡된 태도를 의미하는 것인데, 라이더와 싱어가 종차별주의를 본격적으로 이론화하고 대중화시키기 전까지만 하더라도 인간의 동물에 대한 차별적 대우는 당연한 것으로 인식되었다. 이러한 인식은 아직까지도 당연한 것으로 여겨지고 있는 경우가 다대하며, 심각하게는 그것이 왜 잘못된 것인지에 대한 문제의식 자체가 없는 경우도 있다는 것이다.

종차별주의의 기원은 아마도 성경에서부터 찾아볼 수 있을 것이다. 성경을 찾아보면 인간은 신의 피조물 중 단연 으뜸이며, 신이 다른 동물들에 대한 지배권을 인간에게 부여하였다고 명시되어 있다. 여기에서 의미하는 지배권의 부여는 생사여탈권뿐만 아니라 식용이나 사육을 하며 활용하는 권한까지 포함되어 있다고 볼 수 있다. 뿐만 아니라 종차별주의는 고대 그리스 사상에서도 찾아볼 수 있는데, 그 중 아리스토텔레스Aristoteles를 거쳐 고대 로마의 문화에도 영향을 미친 것을 알 수 있다. 아리스토텔레스는 노예제도를 옹호하는 입장이었는데, 노예가 다른 인간을 위해 존재하는 것이라는 입장에서 나아가서 동물 또한 인간을 위해 존재하는 것이라는 인식을 당연시하였다. 이러한 아리스토텔레스의 사상이 로마시대에도 영향을 미친 것이 콜로세움에서 인간과 인간, 인간과 동물, 동물과 동물간의 결투를 진행시키고 그것을 관전하면서 즐기는 등 동물을 단순히 유희적인 도구라는 인식이 지배적이었다[4].

중세로 접어들면서 기독교가 발호함에 따라 로마시대의 인간을 활용하는 검투는 쇠퇴하였으나, 동물 간의 싸움은 지속되는 등 동물의 도덕적 지위는 그대로 지속되었다. 이는 성경에서 동물에 대한 지배권이 인간에게 있다는 것을 뒷받침하는 대표적인 사례라 할 수 있을 것이다. 이후에도 동물에 대한 차별적 주장을 제기한 학자들이 지속적으로 등장하였는데, 그 중 대표적인 인물이 바로 아퀴나스T. Aquinas와 칸트I. Kant이다[5]. 아퀴나스의 주장은 일견했을 때 종차별을 반대하는 입장이라고 해석될 여지도 있지만, 자세히 분석해보면 전형적인 종차별주의자라는 것을 알 수 있다. 그 이유는 동물에게 이루어지는 가혹한 처우가 경우에 따라 옳지 않은 행동으로 해석될 수도 있다는 주장을 하였기 때문이다. 기본적으로 인간이 동물을 무분별하게 억압하고 가혹한 처우를 하는 것이 잘못되었다는 주장을 하였는데, 그 이유는 동물에게 하던 행위가 습관이 되어 인간에게도 저지를 수 있기 때문이라는 것이다. 이는 동물에게 하던 가혹한 행위가 인간에게 아무런 피해를 주지 않는다면 반대할 이유가 없다는 입장으로도 해석할 수 있는 문제이다. 아퀴나스의 이러한 주장은 지극히 인간중심적인 사고이며, 다른 종에 대한 지위문제를 전혀 고려하지 않은 처사라고 할 수 있다. 오히려 종차별에 대한 의식 자체가 없는 쪽에 가깝다고 생각하는 것이 바람직할 것이다.

칸트도 전형적인 종차별주의적 입장을 가지고 있었다. 칸트는 동물에게는 자의식이 없기 때문에 오직 인간만을 위해 존재하는 수단이라는 표현을 하기도 하였다[6]. 동물은 인간으로부터 직접적인 의무를 부여받지 못한 존재이기에 도덕적 지위 또한 없다고 하였다. 의무론을 주장한 칸트이기에 의무가 없다면 윤리적 대상도 될 수 없다는 의미인 것이다. 가령, 모든 인간은 도덕적 지위를 가지고 있기 때문에 인간에게 피해를 주어서는 안 된다는 것이 칸트가 주장한 의무론의 일부이다. 반면에 길을 가다가 흔히 찾아볼 수 있는 돌멩이는 아무런 도덕적 지위가 없는 물체이기에 그것을 발로 차거나 산산조각 낸다고 해서 도덕적 문제가 발생할 가능성은 없다고 할 수 있다. 그러나 같은 돌멩이라고 하더라도 다른 사람의 소유물이거나 전시되고 보관되어 있는 돌멩이를 훼손시키는 것은 도덕적 문제가 발생할 가능성이 다분하다. 그 이유는 돌멩이의 소유주에게 물질적·금전적·정신적 피해를 줄 수 있기 때문이다. 이와 같은 사례를 동물에게 적용해보면, 소유주가 없는 동물에게 가해지는 억압이나 피해는 동물 스스로에게 도덕적 지위가 없기 때문에 아무런 문제가 없다. 하지만 소유주가 있는 동물의 경우 도덕적 지위를 가진 인간이 동물의 소유주이기에 도덕적 문제가 발생할 수 있다고 하였다. 따라서 칸트는 동물 스스로에게는 도덕적 지위가 없으나 인간의 소유물일 경우 보호받아야 한다는 입장이었다. 인간이 도덕적 지위를 가지고 있고 그로 인해 그 소유자에게 물질적·금전적·정신적 피해를 줄 수 있기 때문이다. 칸트의 이러한 입장 역시 아퀴나스처럼 다른 종에 대한 주체성을 인정하지 않은 주장인 것이다.

이처럼 종차별주의는 고대에서부터 현재에 이르기까지 사회나 사람들의 인식 전반에서 만연하고 있는 잘못된 풍토라고 할 수 있다. 단순히 동물을 인간의 편의를 위한 수단으로 생각하고 활용하는 것을 종차별주의라 할 수 있으나, 동물에 대한 아무런 의식 없는 태도나 대우 또한 종차별주의에 해당하는 것이라 할 수 있다. 이러한 의식과 습관 속에서 종차별주의가 근절되지 않고 이어지고 있는 것이 현실이다[7].

2 반종차별주의

반(反)종차별주의는 문자 그대로 종차별을 반대하는 입장이라 할 수 있는데, 이러한 반종차별주의는 크게 동물해방론과 동물권리론으로 구분할 수 있다. 동물해방론은 싱어에 의해 제기된 이론으로서 '이익동등고려의 원칙(the principle of equal consideration of interests)'이라는 것은 전제로 하고 있다[8]. 이익동등고려의 원칙은 인간의 평등을 보장해 줄 수 있는 원칙을 내재하고 있는데, 싱어가 주장한 동물해방론에는 동물들과의 관계에서도 적용되어야 할 보편타당한 도덕적 근거까지 제시하고 있다[9]. 이익동등고려의 원칙에서 의미하는 이익이라고 한 것은 벤담J. Bentham의 공리주의와 맥을 같이 한다고 볼 수 있으며, 그 중에서도 쾌락의 추구와 고통의 회피를 핵심으로 내세우고 있다. 따라서 이익의 조건에는 이성적 능력의 유무(有無)나 대소(大小)는 상관없으며, 오직 쾌고감수능력sentience이 있는 존재라면 이익도 갖는다는 입장이다.

여기에서 의미하는 쾌고감수능력이란 쾌락과 고통을 인지하는 능력을 의미하는 것인데 쾌락의 양은 극대화시키고 반대로 고통은 최소화시키는 삶이 모든 존재에게 이익이 된다는 것이다. 즉, 쾌락이나 고통을 느낄 수 있는 존재에게는 그 이익(쾌락은 극대화, 고통은 최소화) 자체를 고려해야하는 것이 필수라는 입장이다. 따라서 감각기관이 없는 사물 등을 발로 차거나 훼손하는 등의 행위는 그 사물의 이익과 무관하므로 도덕적으로 문제가 있을 수 없지만, 주인의 존재 유무를 떠나 동물에게 고통을 주는 행위는 그 동물의 이익을 침해하는 행위인 것이다[10]. 사물은 고통을 느낄 수 없지만, 동물은 쾌고감수능력을 지닌 생명체이기 때문이다.

하지만 동물해방론에서 싱어는 쾌고감수능력을 지닌 존재라고 해서 모두 동등하거나 평등한 대우를 받아야 한다고 주장한 것은 아니다. 동물들의 문명 수준이 떨어진다고 해서 과학을 공부시키거나 동물이 추위를 피해 겨울잠을 자지 않도록 따뜻한 옷이나 집을 제공하는 것은 순리에 맞지 않는다는 것이다. 이는 싱어가 주장하는 이익동등고려의 원칙을 단편적으로 이해한 것이며, 실제로는 인간과 동물 간에 많은 차이가 있으므로 동물들의 수준에 맞게 쾌락의 추구와 고통의 회피를 충족시켜줄 수 있도록 고려할 필요가 있다는 입장이다. 이처럼 싱어의 동물해방론은 인간과 동물의 차이를 이해하고 그것을 인정하면서 동물에게도 그 차이에 적합한 처우나 대우를 고려해야 한다는 것이다.

다음으로 동물권리론은 톰 레건T. Regan이 주장한 이론이며 동물해방론에 비해 극단적인 입장이라 할 수 있다. 동물해방론이 공리주의를 기반으로 하고 있다면, 동물권리론은 의무론을 기반으로 한 것이라 볼 수 있다[11]. 따라서 동물권리론에서는 동물을 활용하는 모든 활동은 금지되어야 한다고 주장하고 있다. 동물권리론에서 주장하는 도덕적 고려의 대상은 바로 내재적 가치inherent value를 가진 존재라는 것이다. 여기에서 말하는 내재적 가치는 문자 그대로 타고난 본질적 가치를 의미하는 것인데, 식물이나 무생물을 제외한 자신의 의지에 의해 활동할 수 있는 동물의 경우 모두 내재적 가치를 지닌 것으로 보고 있다.

따라서 레건에 의하면, 현존하는 대다수의 동물들은 이러한 기준에 충족되며, 내재적 가치를 지님과 동시에 도덕적 권리의 주체가 된다고 할 수 있다[12]. 내재적 가치를 지닌 존재는 주체적 존재이며, 주체적 존재는 자연스럽게 도덕적 지위를 가진 존재이다. 현행법에서는 동물에게 고통을 가하는 행위가 금지된 이유는 동물이 주체적 존재이기에 때문이 아니라, 누군가의 소유물이기에 재물손괴죄를 막기 위한 것으로 해석될 수 있다. 따라서 동물권리론은 대한민국의 법규정을 정면으로 반박하는 이론이라고 할 수 있다[13]. 동물권리론은 내재적 가치를 지닌 존재는 배려와 존중의 대상이며, 주체적 존재이기에 피해를 주어서는 안 될 도덕적 의무를 지니게 된다. 결국 인간과 동물의 도덕적 지위에 차이가 없으며, 인간은 동물을 차별적으로 대우해야할 도덕적 근거를 가지지 못하고 있음을 설명하고 있다.

이처럼 싱어의 동물해방론과 레건의 동물권리론은 동물윤리를 바라보는 관점에서 큰 차이가 있다. 동물해방론은 이익동등고려의 원칙에 의해 차이에 합당한 처우가 이루어져야 한다는 입장인 반면, 동물권리론은 내재적 가치를 지닌 존재에 대해서는 차별적 대우가 이루어져서 안 되므로 동등하고 평등한 대우가 필요하다는 주장인 것이다.

2. 스포츠에서 종차별의 역사

앞서 동물윤리에 대한 기본적인 이론을 다루면서 동물윤리의 개념을 이해하였다면, 이번에는 스포츠에서 나타나는 동물윤리와 관련한 내용들에 대해 살펴볼 차례이다. 이를 위해 스포츠에서 동물 활용이 언제부터 어떤 식으로 이루어져 왔는지에 대한 역사를 살펴볼 필요가 있다. 스포츠에서 동물 활용의 역사를 알아보기 위해 고대와 중세, 근대라는 크게 3시대로 구분하였다. 시대구분에 대한 방법이나 관점이 있지만 여기에서는 스포츠에서 동물 활용에 대한 분량 문제와 과거부터 지속적으로 이어져 오던 것들이 대부분이라 새롭게 시작되거나 크게 관심이 집중된 요소에 대해서만 기술하기 위해 시대구분을 고대와 중세, 근대로 하였다. 이외에도 국내의 동물 활용 스포츠에 대한 동향도 파악할 필요가 있기에 그것까지 함께 다루었다.

1 고대 스포츠에서의 동물 활용의 역사

동물을 매개로 하는 신체활동은 원시시대를 비롯하여 4대 문명이라 명명된 메소포타미아, 이집트, 인도, 중국에서도 그 기록을 찾아볼 수 있다. 먼저 원시시대에는 생존을 위한 수단으로 사냥과 낚시가 이루어졌는데, 자녀나 부족 공동체의 교육을 목적으로 사냥과 낚시를 지도하기도 하였다. 당시에는 사냥이 노동의 주요 활동이었기에 그것을 가르치기 위해 교육적 활동으로도 활용하였다. 또한 다른 유희 활동이 부족한 시기였기에 노동이 유희가 되고 유희가 노동이 되었던 것이 원시시대 생활의 특징이라 할 수 있다[14].

4대 문명에서도 이러한 기록을 찾아볼 수 있는데, 먼저 메소포타미아 문명은 사냥, 궁술, 전차, 달리기, 수영, 보트, 권투, 레슬링 등을 했다는 기록이 있는데, 사냥이 포함된 것은 원시시대부터 자연스럽게 이어져 온 것임을 알 수 있다. 이집트 문명에서는 묘기, 레슬링, 궁술, 사냥, 인간과 황소의 투우, 역도, 봉술, 창술, 무용, 공놀이 등이 있었는데 사냥과 더불어 황소와의 투우가 있었다는 점에 주목할 수 있다. 또한 인더스 문명에서는 요가yoga와 폴로polo가 주된 활동인데, 당시의 폴로는 현대와 차이가 있지만 말을 타고 이루어지는 활동이라는 공통점은 존재한다. 마지막으로 황하 문명에서는 궁술, 승마, 수렵, 매사냥, 권술(拳術), 수박(手搏), 격검(擊劍), 축국(蹴鞠), 각저(角觝), 격구(擊毬), 투호(投壺) 등을 하였다는 기록을 찾을 수 있는데, 승마와 수렵, 매사냥이 대표적인 동물을 활용하는 활동이었음을 알 수 있다[15].

특히 고대 중국에서는 동물과 관련된 유희에 대해 구체적으로 기록된 것도 있다[16]. 孔子의 『論語』를 찾아보면 '낚시를 할 때 그물을 사용하지 않고, 활을 쏠 때는 잠든 새는 쏘지 않는다.[17]'라고 하면서 낚시나 사냥에 있어서도 仁을 비롯한 정정당당함을 실천하고자 하는 모습을 추측해볼 수 있다. 뿐만 아니라 주(周)나라에는 귀족 자녀의 교육인 육예(六藝) 중 궁술(射), 승마(御)가 있었던 것은 당시 동물에 대한 인식이 인간 생활의 수단 정도였음을 알 수 있는 대목이다. 이처럼 동방의 4대 문명에서는 사냥을 기본으로 하여, 전차, 투우, 매사냥, 축국, 격구, 폴로 등 동물을 활용하는 다양한 신체활동을 하였음을 알 수 있다. 당시 인간의 생활 수준도 결코 높지 않은 상태였기에 자연스럽게 동물에 대한 처우도 안 좋을 수밖에 없었으며, 종차별에 대한 인식이 부족한 시대였을 것이다.

이러한 인식은 서양에서도 큰 차이는 없었다. 호메로스Homeros 시대, 스파르타, 아테네에서도 전차경주나 승마 등 말을 이용한 활동이 적극적으로 이루어지고 있었다. 그리고 고대 올림픽이라 할 수 있는 올림피아 제례경기(祭禮競技) 또는 올림피아 제전경기(祭典競技)에서는 테트레폰tethrippon이라는 사두마차 경주와 시노리스synoris라는 이두마차 경주 등의 전차경주가 핵심종목으로 많은 인기를 누렸다.

고대 로마의 키르쿠스 막시무스Circus Maximus에서 열리던 전차경기는 동물을 활용하는 대표적인 스포츠였다. 고대 로마의 황제들은 우민화(愚民化) 정책의 한 방편으로 전차경기를 대중화시켰다. 당시 키르쿠스 막시무스는 약25만명의 관중을 수용할 수 있는 전차경기장이었는데, 항상 만원관중일 정도로 인기가 많았다고 한다(김복희, 2013). 네로Nero 황제 시절에는 황제에 폭정에 대해 시민들의 폭동이 장기적으로 진행되었는데, 이때 폭동을 해결한 수단 중 대표적인 것이 바로 전차경기이다. 2주 동안 지속된 전차경기에서 시민들은 배고픔과 불만을 잊은 채 경기에 열광하면서 자연스럽게 폭동은 흐지부지해져 갔다고 한다[18]. 키르쿠스 막시무스에서는 단연 전차경주가 메인 이벤트였지만, 기병이나 코끼리를 활용한 훈련과 쇼를 볼거리로 제공하는 등 시민들의 흥미를 끌 수 있는 다양한 활동들이 이루어졌다고 한다.

고대 로마에는 동물을 활용한 스포츠활동이 전차경기만 있었던 것이 아니다. 전차경기가 가장 인기 있는 종목이었고, 콜로세움 Colosseum에서 진행된 동물 대 동물의 싸움, 사람 대 동물의 싸움 등도 열기가 뜨거웠다. 콜로세움에서 볼거리의 대상이 되었던 동물은 주로 사자나 호랑이, 곰 등의 맹수에서부터 코뿔소, 코끼리, 기린도 있었으며, 북극곰까지 공수해왔다고 하니 시민들의 입장에서는 신기한 동물을 보는 것만으로도 흥미가 있었을 것이라 추측할 수 있다. 당시 콜로세움에서 피살 당한 동물은 백만 마리에 이를 것으로 추정될 정도로 많은 동물들이 시민들의 유희수단으로 희생되었으며, 동물 윤리에 대한 인식이 거의 없는 시대였음을 알 수 있다[19]. 이처럼 피가 난무하는 모습을 보여 당시 시민들은 모든 것을 잊고 열광하였다는 점은 종차별이 팽배한 문화였다는 것의 암시하는 대목이다.

② 중세의 동물 활용 스포츠

고대 로마시대를 거쳐 중세로 접어들면서 종교적 문제로 인해 콜로세움에서 이루어지던 동물과 동물, 동물과 사람과의 결투는 자연스럽게 쇠퇴하였다. 또한 사람들의 광기(光氣)를 잠재우기 위한 금욕주의(禁慾主義)가 대두되었기 때문에 동물을 활용하는 많은 유희 활동이 점점 축소되었다. 중세는 기사(騎士, knight)의 활동이 대표적인 스포츠였다. 기사의 주 임무는 당연히 전쟁이었으며, 이들의 체력단련을 위한 교육은 대표적인 체육활동이었다. 기사가 되기 위해서는 귀족

가문출신이거나 어릴 때부터 기사의 종자(從者)로 활동하면서 기사 서임을 받아야 한다. 물론 종자 중에서도 귀족 출신은 존재했으며, 이들은 승마, 수영, 궁술, 검술, 수렵, 체스, 작시(作詩) 등의 칠예(七禮)를 비롯하여 다양한 소양교육에 매진한 이후 기사로서 활동할 수 있었다. 그 중에서도 특히 전신(全身)을 중갑주(重甲胄)로 무장(武裝)한 상태에서 마구(馬具)에 의존하지 않고 승·하마(昇·下馬)하는 등의 기술은 필수적이었기 때문에 건장한 체구를 가지고 강한 근력이 동반되어야 유리한 입장이었다. 이를 위해서 자연스럽게 신체를 단련하는 활동을 할 수밖에 없었던 것이다. 이러한 것이 기초가 되어야만 주스트 Joust와 토너먼트tournament와 같은 중세의 대표적인 마상창시합에 참가할 수 있었다. 먼저 주스트는 1대1로 격돌하는 개인전 형태의 마상창시합이었다. 그에 반해 토너먼트는 말을 탄 30 - 40명의 기사들이 양편으로 나뉘어져 2열 횡대로 대기하고 있다가 첫 번째 나팔소리가 울리면 1열이 격돌하고, 두 번째 나팔소리가 울리면 2열이 격돌하는 마상창시합의 단체전이라 할 수 있다(김동규, 2013). 마상창시합을 할 때 기사들은 전신 중갑주 착용이 기본이었으며 말에게도 마갑(馬甲)을 장착시켰는데, 무거운 무게로 인해 항상 부상에 노출되어 있었고, 말들의 수명이 상대적으로 짧았다.

중세에는 기사들의 활동 이외에도 귀족이나 시민들의 유희활동으로서의 스포츠가 성행했다는 기록도 찾아볼 수 있었다.

사냥은 필드 스포츠field sport로서 귀족들의 여가 생활에 있어서 필수적인 활동이었으며, 사냥의 활성화와 함께 궁술도 발달되었다. 영국에서는 왕의 사냥터는 '포레스트Forest' 또는 '베너리Venery'라고 불렸으며 주로 사슴, 멧돼지, 늑대, 토끼 등과 같은 사냥감이 흔한 지역을 사냥터로 지정해 두고 있었다. 귀족들의 사냥터는 여우, 담비, 이리 등이 흔히 잡히는 곳으로 '체이스chase' 또는 '파크park'라고 불렸다.

…중략…

민중의 생활 속에는 유혈 스포츠bloody sports도 성행하였다. 곰 몰이 bear-baiting, 투계cock-fighting 등은 로마 지배 시대부터 유럽 전역에서 성행하였다. 중세 영국의 경우 동물의 학대(虐待)와 연관된 유혈 스포츠가 민중의 생활 속에서 깊이 뿌리를 내리고 있었다. 수퇘지boar 싸움, 소몰이bull-baiting, 곰 몰이bear-baiting, 투계cock-fighting, 닭 때리기throwing at cocks 등과 같은 동물 학대 유형의 유혈 스포츠가 성행하였다[20].

이처럼 중세 유럽에서는 기사뿐만 아니라 귀족이나 시민에 이르기까지 동물을 대상으로 한 다양한 활동들이 이루어졌음을 알 수 있다. 그렇다면 시선을 중국 쪽으로도 돌려볼 필요가 있을 것이다. 이 시기 중국에서도 문화가 적극적으로 발전하고 있었기에 다양한 스포츠 활동도 성행하였다. 그것은 마구(馬球), 축국, 투호, 상박, 무용 등이 대표적인 활동이었는데, 이 중 동물 활용 스포츠는 마구와 축국 그리고 투호라 할 수 있다. 마구는 폴로와 유사한 형태의 스포츠 활동으로서 페르시아에서 중국으로 유입되어 인기를 끌었다. 기록을 찾아보면 당(唐)나라의 황제들이 마구에 관심을 가지고 취미로 하면서 뛰어난 기술을 보이기도 하였다고 한다[21]. 축국과 투호는 모두 동물의 털이나 깃털을 사용하여 해당 용구를 만들었기에 그것에 들어가는 털이나 깃털의 수급을 위해 동물의 존재가 필수적일 수밖에 없었다. 이처럼 살아있는 동물이든 죽은 동물이든 당시의 사람들은 끊임없이 동물을 자신들의 유희를 위한 수단이나 도구로 활용하는 데 거리낌이 없었다는 것을 알 수 있다. 이는 동물을 대우함에 있어서 비판적 사고가 전제되어 있지 않았기에 전형적인 종차별의 일종이라 할 수 있다.

다시 유럽으로 돌아가서 중세를 지나 전환기에 이르러서는 경마에 대한 인기가 본격적으로 대두되기 시작하였으며, 왕의 스포츠로서 입지를 공고히 하면서 황금기를 누리기 시작하였다. 17세기부터는 경마 경기 우승자에게 실버 벨silver bell을 부상으로 수여하기 시작하였으며, 경마 관련 아카데미를 비롯하여 세계최초의 스포츠 조직이라 할 수 있는 조키클럽Jockey Club이 발족하기도 하였다. 이후 영국을 중심으로 한 유럽의 경마가 흥행을 하면서 미국의 남부로까지 확산되는 기염을 토하였다. 미국 남부의 경마는 마주(馬主)들이 질 좋은 말을 양산하고자 하는 욕구를 해소해주기 위한 사업의 일환으로 시작하였다가 그것이 점차 인기를 끌면서 관중이 모여 관람할 수 있는 스포츠로 자리매김하였다. 이는 당시 미국 남구 사람들의 특성인 경쟁, 개인주의, 물질만능주의 등과 맞물리면서 선풍적인 인기를 끄는 스포츠로 발전하며 흥행의 중심이 되었다.

현재에도 많은 인기를 끌고 있는 투우corrida de toros에 대한 본격적인 기록도 이 시기부터 본격적으로 등장하기 시작한다. 물론 과거에도 소와 소, 소와 인간 간의 대결이 성립된 적이 많았지만, 그것이 하나의 문화로 정착한 것은 16세기 경이라 한다. 흔히 투우는 화려하고 날렵한 몸짓을 겸비한 투우사와 용맹한 황소의 대결 정도를 떠올리곤 하는데, 그 실상은 잔혹할 정도로 끔찍하다.

소몰이 행사는 축제기간 동안 매일 아침 8시에 시작한다. 그날 오후 투우에 쓸 소 여섯 마리를 거리에 풀어 질주하게 만드는데 이 소들 사이에서 흰 옷에 빨간 천을 두른 수천 명의 관광객과 주민들이 엎치락뒤치락하면서 함께 달리는 행사다.

그런데 단순히 소와 함께 달리는 행사가 아니라서 반대 목소리가 높다. 일단 소는 그 전날부터 암흑 속에 가둬진다. 아침 8시, 행사의 시작을 알리는 폭죽과 함께 문이 열리면서 소를 풀어 놓는다. 오랫동안 빛을 보지 못한 소는 아침 햇살에 일시적으로 앞이 안 보이게 되고 몰려드는 관중 때문에 혼란을 겪는다[22].

일반적으로 투우라 하면 경기장 안에서의 모습만 떠올리는 경우가 대부분일 것이다. 하지만 투우는 훨씬 오랜 시간 준비를 하고 오랫동안 지속된다는 것을 알 수 있다. 거리로 내몰린 소들은 일시적으로 시각이 상실된 상태에서 본능적으로 달리고 넘어지고 부딪히고 깨지고를 반복하면서 많은 부상은 기본이며, 주민들과 투우를 구경하기 위해 찾아온 많은 관광객들의 조롱과 도발로 인해 극도로 불안한 상태에 다다르게 된다. 아침부터 시작되는 소몰이를 거친 후 경기장으로 몰아넣어진 소들은 다시 갇혀 있다가 오후부터 진정한 투우에 투입되게 된다.

전통적인 투우는 총 3개의 무대로 구성되는데 무대마다 다른 투우사가 등장한다. 첫 번째 무대에는 말을 탄 투우사 피카도르picador 2명이 등장해 소의 목에 피카pica라고 불리는 창을 내리꽂는다.

…중략…

두 번째 단계에서는 3명의 투우사 반데릴레로banderillero가 각각 2개씩, 총 6개의 알록달록한 작살을 소의 어깨에 꽂는다. 이쯤에서 소는 상당한 양의 피를 흘려 점점 탈진해 가고 공포심에 날뛰게 된다.

…중략…

경기의 하이라이트라고 할 수 있는 마지막 무대에서는 주인공 투우사인 마타도르matador가 칼과 물레타라는 붉은 천을 들고 등장한다. 이 단계에서 소는 이미 지칠 대로 지친 상태이고, 출혈과 자상, 골정 등으로 인해 심한 고통을 느끼며, 정신적으로도 거의 미쳐 버린 초죽음 상태이다. 마타도르는 마치 스페인 전통춤과도 같은 동작으로 소를 유인하고 몸을 교묘히 빼는 퍼포먼스로 관중들의 환호를 받는다. 장내의 홍분이 최고조에 이르면 마타도르가 칼로 소의 심장을 찔러 죽이면서 경기가 끝이 난다[23].

이처럼 투우는 경쟁으로서의 스포츠 활동이 아닌 유희로서의 스포츠 영역에 속하기 때문에 공정한 경쟁이나 결투와 거리가 멀다. 오히려 처음부터 관중의 홍미를 극대화하기 위해 이루어지는 절차나 과정들은 고도로 연출된 한 편의 연극과 같다고 해도 과언이 아닐 것이다. 이것은 귀족들의 사냥, 즉 동물을 몰아서 사냥을 하기 편하기 만드는 형태의 활동과 큰 차이가 없으며, 군이 차이를 찾자면 오히려 더욱 잔인한 인간의 내면을 보여주는 종차별의 극치라고 밖에 표현할 길이 없다고 생각된다. 중세의 다양한 동물 활용 스포츠인 경마와 투우뿐만 아니라 수렵, 매사냥, 승마, 마상경기 등도 쇠퇴하지 않고 지속적으로 이루어지면서 스포츠에서의 종차별은 그 맥을 이어나갔다.

③ 근대 스포츠에서의 동물 활용

근대에 이르러 발달한 배드민턴도 최근들어 동물학대 논란을 피해갈 수 없었다[24]. 배드민턴의 경기용 셔틀콕 1개를 만들기 위해서는 총 16개의 깃털이 필요한데, 오리나 거위 한 마리 당 사용할 수 있는 최상급 깃털은 4개 안팎이기에 최소 4마리 정도의 오리나 거위가 필요하다는 계산이 나온다. 이에 대한 문제가 대두되면서 2021년부터는 인조 깃털로 제작한 셔틀콕을 사용하는 것으로 결정될 정도로 동물학대에 대한 목소리가 높아져 갔다. 그렇다면 배드민턴에서 깃털의 사용, 즉 종차별의 역사는 어떻게 되는지 살펴볼 필요가 있을 것이다.

스포츠에서 새의 깃털을 사용하는 활동은 결코 특별한 것이 아니고 과거부터 흔히 찾아볼 수 있는 것이었다. 우리나라에서는 깃털로 만든 제기를 활용한 제기차기가 대표적인 놀이라 할 수 있으며, 배드민턴의 전신(前身)이라 할 수 있는 배틀도어battledore나 셔틀콕shuttlecock도 빼놓을 수 없다. 이후 배드민턴이 역사의 전면에 등장하게 되었는데, 어느 순간 갑자기 등장하였기에 배드민턴의 정확한 기원을 알 수는 없다고 한다. 다만 배틀도어와 셔틀콕의 형태를 참고하여 영국의 뷰 포트 공작Duke of Beaufort이 살았던 지명(地名)인 배드민턴에서 유래되었다는 설(說)이 가장 유력할 뿐이다. 물론 배드민턴의 기원이 인도라는 설도 존재하지만, 현재에는 영국에서 유래되었다는 것이 조금 더 유력한 입장이다. 단지 인도에서도 과거부터 깃털을 활용한 놀이가 존재했었다는 정도를 확인할 수 있었기에 깃털을 활용하는 활동은 전 세계적으로 존재했었다는 것을 알 수 있다[25].

초창기 배드민턴은 지금과 같이 전문화된 스포츠의 형태가 아니었고, 기술의 수준도 매우 낮았기에 단지 코르크cork에 몇 개의 깃털을 꼽아서 활용하는 것이 전부였다. 깃털의 수가 정확히 몇 개라는 통일되고 성문화된 규정이 없었기에 그저 구색을 갖추기 위한 것이었다고 볼 수 있다. 그러던 것이 점차 전문적인 스포츠로 발전하면서 규칙이 구체화·세분화 될 수밖에 없었고, 셔틀콕 1개에 16개의 깃털을 사용하는 지금의 형태가 된 것도 그 때부터이다. 초기의 배드민턴도 조류(鳥類), 그 중에서도 수조(水鳥)의 깃털을 사용하기는 하였지만, 떨어져 있는 깃털을 주워서 사용하거나 깃털의 크기를 통일시키지 않았기에 규격화되어 있지 않은 깃털을 사용하였다. 따라서 당시의 기준으로 보았을 때에는 지금과 같은 동물학대 논란이 없었을 수도 있을 것이다. 하지만 현대의 배드민턴은 명확한 기준이 존재하기에 규격에 맞는 깃털을 찾기 위해 새의 희생을 강요할 수밖에 없는 상황이 되어 버린 것이다. 이러한 상황이기에 배드민턴 계에서도 동물학대 논란이 지속적으로 제기되고 있으며, 급기야는 인공 깃털을 사용하는 방향으로 결정을 할 수밖에 없었던 것이다.

배드민턴 이외에도 고대 올림픽을 모태로 한 근대 올림픽이 부활한 초기에는 다양한 동물 활용 스포츠가 등장하고 사라지기를 반복하였다. 그만큼 동물활용 스포츠가 문제 시 되었기에 많은 시행착오를 겪었다는 의미인 것이다. 1900년 제2회 파리 올림픽에서는 비둘기 사격이라는 종목이 시범 종목으로 개최된 바 있다. 문자 그대로 비둘기를 총으로 쏘아서 누가 많이 맞혔는지를 겨루는 경기였는데, 이 경기를 진행하기 위해 약 300마리의 비둘기가 희생되었다고 한다[26]. 뿐만 아니라 파리 올림픽에서는 푸들 털 깍기라는 종목도 등장하였다. 이 경기의 규정은 제한시간 2시간 안에 가장 많은 푸들의 털을 깍는 사람이 우승하는 종목이었다[27]. 이외에도 동물은 전쟁에도 많이 이용되었는데, 근대에 이르러 과학기술이 발달함에 따라 단순히 이동수단을 넘어서서 전쟁무기로 희생되는 경우가 급격히 증가하기도 하면서 동물들을 훈련시키는 등 스포츠 이외에서도 동물들의 의지와 무관한 신체활동과 발달이 자행되기도 하였다(곽성혜 역, 2017).

4 국내 스포츠에서의 동물 활용

전세계적으로 과거부터 동물을 활용하는 다양한 스포츠 활동들이 이루어져 왔으며, 그 맥은 아직까지 이어져 오고 있음을 알 수 있었다. 그렇다면 국내의 동물활용 스포츠는 어떠한 것들이 있는지까지 살펴볼 필요가 있을 것이다. 국내의 대표적인 동물을 활용한 유희 활동은 소싸움이다. 그 중 청도 소싸움이라 명명된 소싸움이 가장 인지도가 높은 활동인데, 청도 소싸움 축제는 1999년 문화체육관광부(당시 문화관광부)에서 지정한 '한국의 10대 지역 문화 관광 축제'로 선정될 정도로 인기가 있으며 한국을 대표하는 축제로 자리매김하고 있다. 또한 「전통 소싸움경기에 관한 법률」에 의해 보호까지 받고 있는 실정이기에 우리나라를 대표하는 동물활용 스포츠라고 표현해도 과언이 아닐 것이다. 소싸움에 대한 구체적인 설명은 다음을 참고하면 될 것이다.

> 소싸움(鬪牛)은 우리나라를 대표하는 전통 놀이 중 하나로서 현재까지 성행하고 있다. 출전한 소를 3개의 체급으로 구분하여 시합이 이루어지는데, 추첨을 통해 일 대 일 토너먼트로 진행된다. 경기시간에는 제한이 없으며 공격 중에 먼저 머리를 돌려 달아나거나 넘어지면 패배하는 것이지만, 다시 일어나서 상대를 달아나게 하면 승리한다. 보통 몇 분 만에 시합이 종료되지만 길게 가는 경우 몇 십분 동안 이루어지는 시합도 종종 볼 수 있다. 이러한 소싸움은 우리나라에서 보호 대상으로까지 지정되어 있다[28].

이처럼 소싸움은 투우와 달리 인간과 소의 대결 구도가 아니라 소와 소 간에 이루어지는 대결을 정착시킨 경쟁활동이라 할 수 있다. 또한 그러한 모습을 보면서 인간들이 열광하고 환호하는 전형적인 유희활동의 일종이며, 몰입감을 높이기 위해 배팅까지 할 수 있기에 카이와R. Caillois가 제시한 놀이의 분류 중 확률놀이(Alea)에도 해당한다고 볼 수 있다. 국내에서 소싸움처럼 합법적으로 이루어지는 동물활용 스포츠로는 경마도 있다. 경마는 「한국마사회법」에 의해 보호받고 있으며, 실제로도 한국마사회 주관으로 운영되는 것이 합법적인 경기라 할 수 있다[29]. 경마 또한 소싸움과 동일하게 경쟁과 유희 그리고 아레아적 요소가 복합적으로 내재된 전형적인 스포츠 활동의 형태라 할 수 있다.

소싸움과 경마는 국내에서 각각 「전통 소싸움경기에 관한 법률」, 「한국마사회법」 등에 의해 보호받고 있으며, 승마는 올림픽 정식 종목에 채택되어 있기에 전 세계적으로 스포츠로 인정받고 있는 상황이라 모두 합법적으로 이루어지는 동물 활용 스포츠라는 데 이견을 제시할 수 없다. 다시 말해, 법의 보호 아래 이루어지는 종차별 활동이라 할 수 있을 것이다. 반면에 닭싸움(鬪鷄), 개싸움(鬪犬), 말싸움(鬪馬) 등은 한 때 국내에서 전통 놀이나 지역 문화 활동으로 활발하게 이루어졌던 활동들이지만, 「동물보호법」이 재정된 이후부터는 금지되어 버렸다. 각각의 동물활용 스포츠는 정도의 차이가 있을 수 있지만, 결국 동물이 고통을 받는다는 점에서 가장 핵심적인 공통점을 가지고 있음에도 불구하고 어떤 활동은 법에 의해 보호받고 어떤 활동은 법에 의해 금지되는 것은 '귀에 걸면 귀고리 코에 걸면 코걸이'에 해당하는 전형적인 형태라 할 수 있다. 최소한 동물활용에 있어서 일관성 있는 대우나 처우가 필요한 실정이다.

3. 장애인 스포츠에서 종차별 문제

앞서 종차별의 개념 그리고 종차별의 역사에 대해 살펴보았는데, 종차별은 우리 사회 만연한 문제라는 것을 알 수 있었다. 이 장에서는 종차별과 장애차별을 관통하는 문제를 다루어볼 것이다. 장애인에 대한 차별 문제는 개선하려 노력하고 있지만, 아직까지 부족한 부분이 존재한다. 또한 종차별에 대한 문제도 보다 심도 있고 체계적인 방향이 설정될 필요가 있다. 따라서 장애인스포츠에서 동물 활용이 어떠한 인식으로 작용할 수 있는지에 대해서도 살펴볼 필요가 있을 것이다.

장애인들의 삶은 차별과 극복의 역사라 해도 과언이 아닐 만큼 힘든 과정을 겪어왔다. 그것은 과거형이 아니라 아직까지도 현재진행형이라 할 수 있을 것이다. 장애인들이 스포츠에 참여하는 이유 중 하나는 차별을 극복하기 위함도 포함될 수 있다. 이러한 차별의 극복에는 두 가지 의미를 찾아볼 수 있는데, 첫째, 경기에 출전하여 기록을 달성하고 입상하는 등의 성과를 보이면서 장애인에 대한 인식 전환과 편견을 극복하고자 하는 것이다. 둘째, 스포츠의 참여는 모든 국민에게 보장된 권리이기에 장애인들도 스포츠 참여라는 당연한 권리는 찾기 위함이다. 이외에도 몇가지 요인들이 더 있을 수 있지만, 결국 핵심은 비장애인과의 평등을 위해 그리고 장애인으로서 받아온 차별을 극복하기 위해 스포츠에 참여하는 것이라 할 수 있다[30].

하지만 이러한 차별의 극복을 위해 이루어지는 장애인들의 스포츠 참여에서 또 다른 차별이 나타날 가능성이 존재한다. 여기서의 차별은 지금까지와 마찬가지로 장애인들'에게' 이루어지던 차별이 아닌 장애인들에 '의해' 이루어지는 차별로 비춰질 수 있다는 것이 핵심이다. 여기에서 말하는 장애인들에 '의해' 그리고 장애인들이 행할 가능성이 있다고 오인될 수 있는 차별은 바로 종차별 문제이다. 장애인 스포츠에서는 동물을 활용한 다양한 활동이 이루어지고 있는 것이 현실이다. 장애인 스포츠에서의 동물 활용은 대부분 승마와 관련된 활동으로 한정 지을 수 있다. 장애인들은 승마를 통해 전체적인 체력 요인이나 평형성, 심리, 뇌파 등을 강화시키면서 재활이나 강화를 목적으로 활용하고 있는 실정이다. 승마는 경마와 달리 경쟁을 목적으로 이루어지는 스포츠 활동은 아니지만, 반종차별주의적 관점에서는 충분히 종차별로 인식될 가능성도 존재한다.

장애인 스포츠에서 이루어지는 승마는 재활이나 치료, 교감 형성 등을 목적으로 하고 있기 때문에 말(동물)에게 직접적인 피해가 갈 가능성은 적은 편이다. 합법적인 활동인 소싸움은 동물이 고통을 받고 상처를 입을 수 있으며, 경마의 경우 동물의 의도와는 달리 강제적인 훈련이 이루어질 수 있기 때문에 이러한 활동과 비교하였을 때 장애인 승마는 동물에게도 매우 안전한 활동에 속한다. 그럼에도 불구하고 장애인 스포츠에서 동물 활용이 종차별로 비춰질 수 있는 이유는 바로 동물해방론의 핵심인 이익동등고려의 원칙에서 찾아볼 수 있다.

앞서 설명한 이익동등고려의 원칙은 쾌고감수능력을 전제로 하고 있기 때문에 모든 동물들에게 적용될 수 있다. 싱어에 의하면, 동물들은 쾌고감수능력을 가지고 있기에 이익동등고려의 원칙에 따라 기뿜을 극대화시키고 고통은 최소화하면서 살아가야 할 권리가 있다는 것이다. 인간은 동물의 삶에 간여할 어떠한 권리도 권한도 없으며, 동물은 인간에 의해 사육되거나 고통 받아야 할 어떠한 의무도 당위도 없는 것이다.

장애인 스포츠에서 이루어지는 승마가 동물에게 직접적인 피해나 고통이 없을 수도 있지만, 축사(畜舍)에 갇혀 살면서 제한된 공간에서만 활동해야 하는 것은 이익동등고려의 원칙에 위배 되는 행위라는 것은 자명한 사실이다. 또한 동물 스스로에게도 자신이 원해서 하는 활동이 아니기 때문에 승마가 고통스러울 가능성도 배제할 수 없다. 이러한 측면에서 보았을 때, 장애인 스포츠에서 동물 활용은 종차별로 인식될 수도 있다는 것이다.

또 다른 논리로 해석해보았을 때 더욱 설득력이 있을 수 있다. 장애인들이 차별을 극복하면서 희망하는 사항은 특별한 대우가 아니라 편견이나 장애로 인한 불이익이 없는 평등 그 자체라 할 수 있다. 여기에서 다시 적용할 수 있는 것이 이익동등고려의 원칙이다. 장애라는 것은 인간이나 인간 아닌 다른 종을 구분하는 기준이 아니라 같은 인간의 범주에서 조금 다른 특성을 가진 대상을 의미한다. 따라서 이익동등고려의 원칙에 따라 모든 인간이 누려야 할 것을 누릴 권리가 있으며, 모든 인간들은 서로가 서로를 평등하게 대우해야 할 의무가 있다. 장애인들이 차별을 극복하기 위해 내세우는 그 당연한 논리는 결국 이익동등고려의 원칙을 기반으로 한 것이라 할 수 있다. 따라서 이익동등고려의 원칙에 입각하여 논리를 전개하고 권리를 보장받으려고 하는 장애인들은 동물 활용에 있어서도 동일한 논리를 관철시키는 것이 논리적 모순에 빠지지 않는 길이 될 것이다[31].

장애인 스포츠에서의 동물 활용은 경쟁활동이 주를 이루는 비장애인 스포츠에서의 동물 활용과 차이가 있다. 일견했을 때 장애인 스포츠에서의 동물 활용이 종차별적인 요소가 될 것이라고 생각할 수 없을 수도 있다. 하지만 이익동등고려의 원칙이라는 측면에서 보았을 때에는 문제가 달라진다. 따라서 그 문제를 해결하기 위해서는 장애인 스포츠에서 동물 활용에 대한 정당성을 가지기 위한 절차인데, 그 실마리를 동물해방론에서 찾아볼 수 있다.

앞서 설명한 바와 같이 반종차별주의에는 동물해방론과 동물권리론이 대표적이다. 동물권리론에 의하면, 동물은 스스로가 내재적 가치를 지닌 존재이기에 도덕적으로 배려와 존중을 받아야 할 대상인 것이다. 따라서 인간에게 어떠한 피해나 간섭도 받아서는 안 된다. 동물권리론에서는 스포츠에서의 동물 활용뿐만 아니라 인간에 의한 동물 활동 자체가 정당화될 수 없으며, 금지되어야 한다. 인간의 삶은 동물에 대한 의존도가 높기 때문에 동물 활용을 전면적으로 금지시키는 것은 당장 현실적으로 실현 가능성이 낮은 대안이다.

반면에 동물해방론은 이익동등고려의 원칙을 기본으로 하고 있으며, 어느 정도의 예외가 허용되는 입장이다. 이러한 예외도 인간과 동물의 상생을 전제로 했을 때 허용되는 것이지, 인간의 이익만을 위해 자행되는 행위는 금지된다. 장애인 스포츠에서 동물을 활용하는 경우는 대부분 재활이나 치료의 개념이기에 이는 동물과의 상호 교감을 통한 친밀감 형성이 전제된다. 따라서 동물에 대한 지속적인 관심과 배려가 이루어지는 활동이라는 것이다. 물론 그렇지 못한 경우도 발생할 수 있을 것이며, 재활이나 치료가 아닌 실험 등을 위한 수단으로 활용되는 경우도 있을 수 있다. 이 때 고려해야 할 것이 3R(reduction, refinement, replacement)의 원칙이다[32]. 3R 원칙은 원래 동물실험윤리위원회에서 제시한 것이지만, 동물을 활용하는 다양한 분야에서도 적용 가능한 요소라 생각된다.

3R의 원칙은 3가지의 동물실험 일반원칙을 의미하는데, 첫째, 감소reduction의 원칙을 준수하여야 할 것이다. 원래 감소의 원칙은 동물실험에 이용되는 동물의 수를 최소화함으로써 무분별한 실험을 통한 피해를 방지하기 위한 것이다. 장애인스포츠에서도 마찬가지로 스포츠 활동으로 활용되는 동물의 개체수를 최소화시킬 필요가 있다는 것이다. 둘째, 개선refinement의 원칙은 동물실험 대상인 동물들에 대한 복지나 처우를 개선하는 것인데, 실험이나 연구의 도구라고 해서 무분별한 대우를 금지하는 것이다. 장애인스포츠에서도 스포츠 활동으로 활용되는 동물에 대한 복지나 처우를 최고로 해줄 필요가 있다. 셋째, 대체replacement의 원칙은 인간을 대체해서 동물을 활용하듯이 고등동물이 아닌 하등동물, 그리고 하등동물보다는 식물 또는 무생물 등 대체할 수 있는 자원이 있다면 다른 자원으로 대체하는 것을 권장하는 것이다. 장애인스포츠에서도 반드시 동물이 필요한 경우에만 동물을 활용한 활동을 권장할 필요가 있으며, 굳이 동물을 활용하지 않아도 된다면 그것을 대체할 수 있는 다른 수단을 모색하거나 개발

할 필요가 있다고 생각한다.

대부분의 장애인스포츠에서는 동물과의 교감을 상당히 중요시하기 때문에 동물에 대한 배려나 처우가 우수한 편이라 할 수 있다. 따라서 동물을 활용한다는 점만 빼고는 종차별에 대한 문제가 크게 부각될 일이 없을 것이다. 그럼에도 불구하고 장애인스포츠에서 동물 활용에 대한 정당성은 반드시 제시될 필요가 있다. 이는 동물해방론 관점에서 문제가 될 소지를 미연에 방지하는 작업인 것이다. 장애인스포츠에서 동물을 활용하지 않고도 재활이나 치료 등을 할 수 있는 수단은 무수히 많다. 하지만 왜 동물과 함께 해야 하는 것인가? 에 대한 답, 동물 활용에 대한 당위성과 정당성을 제시하고 명시하는 작업이 조속히 이루어져야 할 것이다. 또한 동물을 활용하는 대상자들에게는 동물 윤리 교육이 포함된 스포츠 윤리교육을 이수해야할 의무를 부여해야할 것이다. 스포츠 참가자로서 스포츠 윤리교육은 필수적이라 할 수 있다. 이는 공정하고 깨끗한 스포츠 활동을 위한 필수과정인 것이다. 그 중에서 동물을 활용하는 장애인스포츠 활동 참가자는 동물에 대한 이해와 더불어 동물 윤리에 대한 심도 있는 교육이 동반되어야 한다.

이처럼 3R의 원칙, 장애인스포츠에서의 동물 활용에 대한 당위성 제시, 동물 활용 대상자에 대한 동물 윤리 교육이라는 3가지 과제가 정착된다면, 장애인스포츠에서 동물 활용이 동물해방론 관점에서 종차별로 간주되지 않을 수 있을 것이다. 물론 해석의 차이는 있을 수 있지만, 이러한 최소한의 방어 장치가 마련된다면 장애인에 대한 편견 극복과 권리 증진에도 일익을 담당할 수 있을 것이다.

나가며

동물은 인간 삶에서 없어서는 안될 존재로 자리매김하였다. 따라서 동물권리론의 입장은 현실적으로 실현될 가능성이 매우 낮은 상황이기에 우리는 동물해방론적 관점에서 동물윤리를 이해하고 실천해 나갈 필요가 있다. 장애인스포츠에서 동물에 대한 차별을 최소화하기 위해 3R을 제시하였는데, 이는 일반적인 스포츠에서도 동일하게 적용될 수 있는 방안이다. 사실 동물을 활용하는 스포츠가 없어지더라도 인간의 삶에 큰 영향을 미치거나 많은 변화가 발생하지는 않을 것이다. 하지만 우리는 벌써 그러한 스포츠에 적응되어 있기에 당장 폐지하는 것이 쉽지 않은 일이며, 천천히 그러한 작업을 진행하는 것이 효과적일 것이다. 그러한 과정에서 필요한 것이 바로 3R 원칙이 될 수 있다. 3R 원칙이 절대적인 것은 아니지만 현 시점에서 가장 실효성 있고 실현 가능한 방안이기에 우리는 최소한 3R 원칙을 지키고자 노력할 필요가 있다.

인간은 결코 만물의 영장이 아니다. 인간도 다른 동물과 마찬가지로 자연에 일부에 지나지 않는다. 따라서 자연의 법칙, 즉 순리에 따라 동물을 포함한 모든 자연환경과 더불어 살아갈 필요가 있다. 이를 위해서는 지금부터라도 종차별에 대한 이해를 바탕으로 동물윤리와 관련한 문제들에 관심을 기울일 필요가 있다.

05

스포츠와 환경윤리

장 재 용

05

/

스포츠와 환경윤리

들어가며

최근 골프, 캠핑, 해양스포츠 등의 자연과 함께 즐길 수 있는 야외 스포츠가 큰 인기를 얻고 있으며, 관련 산업들도 꾸준히 성장하고 국내 스포츠산업 및 건전한 여가 스포츠의 발전에도 많은 기여를 하고 있다. 하지만 이러한 야외스포츠 발전의 이면에는 우리의 자연환경을 이용해야 한다는 점이 전제가 되어야 하고 이는 곧 이러한 자연환경을 개발함에 있어 환경파괴의 문제가 제기되고 있는 현실이다. 이러한 스포츠와 자연환경의 갈등의 문제를 풀어가는 문제는 쉽지 않을 것이다. 인간의 스포츠활동을 위해 후손들에게 물려주어야 할 자연환경을 원칙 없이 개발한다면 분명 잘못된 일이 분명하다. 다른 한편으로 인간의 건강과 행복을 위해 스포츠를 중심으로 한 여가활동 역시 중요한 문제이다. 만약 우리가 이러한 문제를 해결해야 하는 중심에 있다면 어떠한 선택을 해야 할까? 아마도 쉽지 않은 문제일 것이다. 이번 장에서는 이러한 스포츠와 자연환경 문제의 쟁점들을 살펴보고 인간을 위한 환경개발에 대한 윤리적 사상과 환경을 위한 윤리적 사상에 대해 알아보고 스포츠와 환경이 서로 상생할 수 있는 방안에 대해 모색해보고자 한다.

1. 스포츠와 환경 문제 제기

'스포츠는 인간을 이롭게 하는 것일까?'라는 물음은 오랜 시간 동안 논의되어왔다. 이러한 물음에 대한 답은 현재 우리 인간 사회 속에 깊이 들어와 있는 스포츠의 역할들을 보면 아마도 스포츠는 인간을 이롭게 하는 것이 분명할 것이다. 특히, 고령화가 빠르게 진행되고 있는 전 세계적인 문제들을 해결하는 방법으로도 스포츠는 건강과 복지의 역할을 수행하고 있다. 또한 젊은 층에서도 기존의 스포츠 활동, 예를 들어 축구, 농구, 배구 등의 전통적인 스포츠보다 골프, 해양스포츠, 스키 등과 같은 야외에서 자연을 이용하여 즐기는 스포츠가 꾸준히 늘고 있다. 하지만 이러한 아웃도어 스포츠가 인기를 얻으면서 우리는 하나의 갈등상황을 맞이하게 된다. 과연 인간의 행복을 위하여 후손들에게 물려주어야 하는 자연환경을 이용하고 파괴하면서까지 대규모 스포츠시설을 지어야만 하는 것일까라는 아주 근본적인 문제에 봉착하게 된다. 이러한 문제를 해결하는 방법은 아주 어렵고 집단간의 소모적인 논쟁도 불러일으킨다.

과거 원시시대에서 인간의 신체활동은 주로 생존을 목적으로 이루어져 왔다. 이러한 신체활동이 점차 놀이, 게임, 스포츠로 변화하며 스포츠는 인간에게 건강과 오락 등의 즐거움의 요소와 인간의 삶에 있어 중요한 한 영역으로 자리 잡았다. 스포츠는 점차 인간의 경제발전과 함께 삶의 질을 향상시키는 방법으로서, 또 하나의 문화로서 발전하게 되었다. 하지만 삶의 질의 향상과 여가문화의 발생은 또 다른 희생을 낳았다. 기본적으로 인간은 경제활동을 통해 필요한 재화를 생산하게 되는데, 이때 많은 종류의 자연으로부터의 자원을 취하게 된다. 스포츠문화의 발전 또한 다른 자원과 환경의 훼손을 초래하게 되었다. 인간의 생존과 관련된 자연의 이용은 어느 정도 갈등을 조절하며 발전을 이루어왔지만, 인간의 쾌락이나 오락과 관련된 스포츠 활동을 위한 자연 파괴는 논란이 가속화되고 있다.

스포츠는 다양한 신체활동으로 이루어진 경쟁활동이다. 따라서 대부분의 스포츠는 경기를 수행할 수 있는 공간을 필요로 하고, 이 공간에서 뛰고 달리는 가운데 인간은 주변 환경과 상호작용을 하면서 환경에 부정적인 영향을 끼칠 수 있다.[1] 특히 메가 스포츠 이벤트를 개최하거나 대규모 스포츠시설을 건립할 경우 더 큰 환경파괴와 환경오염을 수반하게 된다. 국내에서 스포츠시설과 관련된 환경파괴에 대한 논란은 주로 골프장 건설의 문제이다. 전국토의 65%가 산악지대인 우리나라의 경우 골프장 건설로 인하 산림훼손은 외국에 비해 더욱 심각하다. 골프장을 만들려면 9홀당 15만 평의 면적이 필요한데 보통 18홀, 27홀, 36홀로 건설되기 때문에 산림의 훼손 면적은 훨씬 넓어진다. 부대시설을 포함하여 27홀 규모의 면적인 60만 평에 서식하는 생물종은 1000종 이상이며 현재 운영하고 있는 골프장의 농약오염은 이러한 생물종의 감소는 물론 생태계 전체를 교란하는 원인이 되고 있다.

환경운동연합과 녹색연합 등의 환경단체들이 주장하는 골프장 건립으로 인한 환경오염 문제는 다음과 같이 크게 세 가지로 요약할 수 있다. 첫째는 산림 훼손, 대형 산사태 및 홍수의 원인이 된다는 것이다. 골프장을 건설하려면 산림을 깎아내고 잔디를 심어야 하기 때문에 수분흡수력이 25% 수준으로 떨어져 하절기의 집중호우시 대형 산사태 및 홍수를 유발할 수 있다. 둘째는 자연경관의 훼손 및 생태계의 파괴를 야기한다는 것이다. 울창한 산림을 파괴하고 수려한 자연경관을 훼손할 뿐 아니라 인위적으로 맹독성 농약을 살포함에 따라 수질오염과 토양오염 등으로 생태계가 파괴된다. 또한 이산화탄소 흡수속도 감소, 대기 정화능력 약화, 미생물에 의한 풍부한 자연정수력 상실도 야기된다. 더욱이 살균제, 살충제, 제초제, 화학비료 등의 농약이 하천과 연못, 댐, 저수지 등으로 유입되어 부영양화를 촉진해 조류를 증가시키고 적조현상을 일으킨다. 셋째는 지역주민의 생존권이 위협당한다는 것이다. 대형 산사태 및 홍수 등으로 가옥이 침몰, 붕괴되어 인명피해가 발생할 수 있고, 농약사용으로 인한 농경지와 식수원의 오염으로 인체에 해가 될 수 있기 때문이다.

2천억 들인 '일회용' 스키장...가리왕산은 살아날 수 없다

숙암리 슬로프 도착지점 부근의 활강경기 관람시설.

강원도 정선군 북평면 숙암리 가리왕산 중봉과 하봉 일대 184만m²에 총 건설비 2030억원을 들여 새로 지은 활강경기장은 2014년 8월 벌목부터 시작해 2017년 12일 완공되었다. 이 가리왕산은 생태적 가치가 높은 희구식물의 천국으로, 산림법상 산림유전자원보호구역으로 지정돼 개발이 엄격히 금지되었다.

2011년 남아프리카공화국 더반에서 열린 국제올림픽위원회(IOC) 총회에서 평창겨울올림픽 유치가 확정된 이후, 가리왕산 스키경기장은 내내 '뜨거운 감자'였다. 끔찍한 환경파괴라는 반대 목소리가 드높았기 때문이다. 실제로 가리왕산은 인공 스키경기장이 도저히 들어설 수 없는 천혜의 터전이었다. 가리왕산은 왕사스래, 주목, 분비나무, 개벚지나무, 사시나무, 땃두릅나무, 만년석송, 만병초 등의 수목들과 금강초롱, 금강제비꽃, 산작약, 노랑무늬붓꽃 등의 다양한 풀꽃이 즐비한 희귀식물의 천국이다. 특히 가리왕산은 한국의 대표적인 풍혈지대로, 여름에는 시원한 바람이, 겨울에는 따뜻한 바람이 땅속에서 불어오는 독특한 지층구조를 간직하고 있다. 사계절 내내 일정한 온도를 유지하는 덕택에 종자은행으로 불릴 만큼 생태적 가치가 아주 높은 지역이다. 이곳이 '살아 천년, 죽어 천년을 간다'는 주목의 사실상 유일한 자생지라는 점도 빼놓을 수 없다. 이런 연유로 가리왕산은 산림법상 산림유전자원보호구역으로 지정돼 개발이 엄격히 금지됐을뿐더러, 두릅이나 곰취 같은 산나물조차도 함부로 캘 수 없을 만큼 인간의 손길로부터 철저하게 차단돼왔다. 애써 지켜온 천혜의 자연을 무참히 파괴하는 게 과연 올바르냐는 비난이 거센 배경이다.

더군다나 가리왕산 스키경기장은 애초부터 수익성 면에서도 낙제점을 면하기 힘들었다. 올림픽이 끝난 뒤 사후 활용 가능성이 전혀 없기 때문이다. 국제스키연맹(FIS)이 제시하는 경기장 조건은 '표고차(출발지점과 결승지점의 고도차) 800m 이상, 평균 경사도 17도 이상, 슬로프 연장 길이 3km 이상'. 문제는 이 조건을 갖춘 가리왕산 스키경기장은 일반인이 도저히 이용할 수 없는 수준의 슬로프란 점이다. 심지어 국내 스키장 대부분의 수익성도 예전만 못한 상태다. 당장 인근의 태백 오투리조트만 해도 부도 사태를 겪은 뒤 간신히 다시 문을 연 처지다. 가리왕산 스키경기장이 처음부터 문제투성이였음을 생생하게 증명해주는 대목이다.

가리왕산 복원 작업의 전망을 어둡게 하는 선례도 어렵지 않게 찾을 수 있다. 1996년 겨울유니버시아드로 훼손된 덕유산국립공원(무주리조트), 1999년 겨울아시안게임으로 마구 파헤쳐진 발왕산산림보호구역(용평리조트)이 대표적이다. 두곳 모두 구상나무와 분비나무, 주목 등 오랜 세월 지켜온 천연림이 무참히 훼손됐다. 당시에도 정부는 훼손된 자연을 복원하고 보호 대상 수목을 살리겠다고 공언했으나, 활착률(옮겨 심은 식물들이 제대로 사는 비율)은 극히 낮았다. 옮겨 심은 수목 대부분이 허망하게 죽어버렸다. 공사 단계부터 치밀한 이식 및 복원 계획이 준비되지 못한데다, 전담 조직 등이 작동하지 못한 탓이다. 여러모로 현재의 가리왕산 복원 작업과 닮은꼴이다.

온갖 반대에도 불구하고 정부는 2012년 1월 '평창동계올림픽 지원에 관한 특별법'을 제정해 가리왕산 스키장을 밀어붙였다. 국내외에서 숱하게 제시된 합리적 대안들, 그리고 무엇보다 2014년 12월 국제올림픽위원회가 발표한 '어젠다 2020' 등 몇차례의 궤도 수정 기회가 있었음에도, 정부의 고집은 꺾이지 않았다. 2014년 8월 벌목부터 시작된 건설 공사는 총 2030억원의 예산을 들여 지난해 12월 마무리됐다. 그사이 국제규격 축구장 110개 규모의 산림이 사라진 자리엔 스키 슬로프와 곤돌라, 리프트, 관람시설, 주차장 등이 들어섰다. 단 8일 동안의 '잔치'를 위해.

지구상에서 최초의 인공스키장이 들어선 건 1936년. 지난 70년 동안 전세계에서 스키장 수천곳이 문을 열었다. 단 8일 동안 문을 열었다가 자취 없이 사라질 가리왕산 활강경기장은 인공스키장 역사에서 유례없는 일이다. 이제 그토록 기다리던 잔치는 시작됐다. 하지만 화려한 잔치가 끝난 뒤 남는 것은? 평창겨울올림픽을 '빛낼' 가리왕산 활강경기장은 예산 낭비와 환경 파괴의 대명사로 오래도록 기억되지 않을까

<출처 : 한겨레신문 2018년 02월 01일>

이러한 스포츠와 환경의 갈등은 단순한 여가 형태의 스포츠에서 뿐만 아니라 국제스포츠 경기인 올림픽에서도 나타나는데, 최근 우리나라에서 개최된 2018 평창 동계올림픽에서도 이러한 갈등 현상이 여실히 드러났다. 스포츠시설 건립과 관련된 환경오염은 주로 골프장 건설이나 스키장 건설을 위한 산림파괴가 주된 것이었다. 하지만 최근 국민소득의 증가와 함께 해양스포츠에 대한 관심과 참여가 늘어나면서 이로 인한 해양 해양파괴 문제 또한 논의되기 시작했다. 과거에 여가를 즐기는 스포츠 활동이 주로 육상에서 이루어진 것이 대부분이었지만 현재는 우리나라의 지리적 환경의 특성을 잘 살린 해양과 관련된 해양스포츠에 대한 관심과 참여가 꾸준히 늘어나고 있다. 해양스포츠를 즐기기 위한 마리나(marina) 시설 조성에 대한 요구 또한 높아지고 있다. 국토해양부는 2009년 6월 해양레저산업 육성, 해양스포츠의 보급 및 진흥 촉진, 국민의 삶의 질 향상에 이바지하는 것을 목적으로 '마리나 항만 조성 및 관리 등에 관한 법률'을 제정하였다.[2] 이 법률에 따라 2010년 1월 '제1차(2010-2019) 마리나 항만 기본계획'을 고시하였다. 이에 대한 추진경위를 살펴보면, 2009년 6월 '마리나 항만 조성 및 관리 등에 관한 법률'을 제정·공포하였고, 2009년 12월 10일 동 법률을 시행했으며, 2009년 12월 14일 동 법률 시행령 및 시행 규칙을 시행하였다. 그리고 2010년 1월 18일 중앙항만정책심의회(마리나분과)의 심의를 거쳐 2010년 1월 27일 제1차 (2010-2019) 마리나 항만 기본계획을 고시하였다.

마리나항만(44개소) 대상지 위치도[3]

최근 들어 사람들의 여가에 대한 관심이 증대되면서 마리나 시설에 대한 수요 또한 늘어난 상태이며, 이에 각 지자체에서는 마리나 시설과 해양스포츠의 저변확대에 많은 투자를 하고 있다. 그러나 대규모의 마리나 시설을 건설하고 운영하는 데는 많은 문제점이 야기될 수 있다. 그중 하천생태계 훼손, 생물 다양성의 감소, 대규모 건설로 인한 환경파괴 등과 같은 환경오염 문제들이 예상된다. 또한 해양스포츠 참여와 더불어 최근 낚시 인구가 늘어남에 따라 이로 인한 해양환경 오염문제 역시 이슈화가 되고 있는 실정이다. 낚시가 자연환경을 파괴하는 구체적인 사례를 들어보면 다음과 같다.

먼저, 낚싯줄에 의한 폐해이다. 근래 많은 사람들이 강이나 호수, 하천, 등에서 낚시를 즐기기 시작하면서 낚시터뿐만 아니라 인근 지역이 낚시인들이 사용하고 버린 낚싯줄, 고기망 등의 낚시도구들로 인하여 몸살을 앓고 있다. 그중 질기고 미생물에 의해 분해되지 않는 플라스틱 재료의 낚싯줄에 엉켜 수많은 물고기와 들새, 그리고 해양 포유류 등이 죽어가고 있다. 또한 현재 우리나라에서 낚시용으로 생산되는 납의 양은 연간 약 500톤에 달하는데, 중금속인 납은 기존 버려지는 낚싯줄, 고기망 등의 각종 낚시도구에 의한 환경오염 현상 외에도 새로운 고민거리를 안겨주고 있다. 떡밥 같은 미끼도 수질을 오염시키고 있는데 이를 분해하려면 엄청난 양의 산소가 필요하기 때문에 실제적으로는 수중에 거의 축적이 되고 있는 실정이다. 밑밥용 깻묵 한 숟가락(30g)을 쏘가리나 참붕어가 살 수 있는 2급수 수준으로 정화하려면 깨끗한 물 757리터가 필요하며, 가축사료 밑밥은 이보다 오염도가 훨씬 높다. 미끼통은 재질이 대부분 일회용 플라스틱이나 스티로폼, 또는 비닐봉지로 되어있는데, 이를 분해하는 데에만 무려 500년 이상 걸린다고 보고되고 있다.

스포츠시설의 건립은 늘 환경단체와의 극심한 갈등을 겪어왔다. 평창동계올림픽을 위한 스키장 건립의 경우도 올림픽 이후 자연을 복원한다는 조건으로 스키장이 건립될 수 있었다. 하지만 이렇게 한번 개발되어진 자연환경이 과연 정상적으로 복원 가능할까라는 의문은 마땅히 뒤따른다. 오늘날 스포츠시설은 대규모화되고 스포츠활동 빈도는 높아지고 지속성을 띠게 되면서 스포츠가 환경에 주는 피해는 무시할 만한 수준을 넘어서고 있다. 스포츠활동 자체보다 더욱 심각한 환경오염 요인은 스포츠활동을 위해 요구되는 시설이다. 스포

운촌 마리나 개발

부산 해운대 동백섬 인근 운촌항을 거점형 마리나 항만 시설로 개발하는 사업이 본격 추진된다. 이 사업이 완료되면, 부산의 해양 레저 활성화와 지역 관광에 기여할 것이라는 기대감이 높다. 그러나 부산 명소인 동백섬 일대 해안을 매립한다는 계획까지 포함돼 있어, 환경 훼손과 특혜 시비가 일고 있다.

해당 사업이 차질없이 진행될 경우, 삼미 측은 기존 운촌항이 국제적 규모의 체류형 복합 마리나항이 될 것으로 전망하고 있다. 특히 마리나 개발 사업으로 그동안 누락된 해양 레저 기능을 전면 회복하고 지역 관광 활성화와 일자리 창출에 기여할 것으로 내다보고 있다.

그러나 바다 일부를 매립하는 대규모 개발 계획에 지역 환경단체 반발도 만만찮다. 이들은 공공재로 볼 수 있는 해양이 특정 업체의 이윤 추구에 이용된다고 주장한다. 또 대규모 개발과 시설물 조성으로 수질과 환경 오염은 물론 교통 대란이 불가피하다는 것이다.

또 해수부와 삼미가 맺은 실시협약서상 사업부지 사용 기간이 특혜 의혹으로 제기되기도 했다. 공유재산법에 따르면 사업부지 사용 기간이 최장 20년이지만, 관련 협약서에는 준공 확인일로부터 30년을 운영 기간으로 규정했다.

이에 부산시민운동단체연대와 부산환경회의 등 지역 시민사회단체는 21일 부산시청 앞에서 규탄 집회를 열기도 했다. 이들은 "관련 개발 사업은 부산시민으로부터 동백섬과 운촌 수변공원을 빼앗고 특정 업체에 이익을 몰아주는 사업"이라며 "지역주민들은 교통 지옥과 환경 오염, 매립으로 인한 재난 위험을 떠안게 된다"고 비판했다.

이에 대해 삼미 측은 환경단체의 지적에 '문제없다'는 반응이다. 삼미 측은 개발에 따른 재해 위험과 환경적 문제에 대한 대책을 마련했다는 입장이다. 또 특혜 시비에 대해서도 삼미 측은 '개발 구간이 국공유지가 아니기 때문에 해당 규정이 적용되지 않는다'며 '잘못된 해석'이라고 반박했다.

삼미 측 관계자는 "해수 순환용 설비 설치 계획 등 수질 개선 대책도 마련했다. 태풍과 해일에 대비한 양방향 방파제도 조성 계획에 있어 자연재해 문제에 대해서는 철저하게 검토했다"며 "국가 사업 차원에서 마리나항을 개발하는 것으로 특혜하고는 전혀 상관 없다. 지역경제 활성화와 해양관광 교통거점 기지 조성 등에 집중하고 계획을 추진하겠다"고 말했다.

<출처 : 부산일보 2020년 07월 21일, 곽진석 기자>

츠시설로 인해 발생하는 환경오염 문제는 대체로 자연환경의 훼손, 소음으로 인한 문제, 해양오염 등이 전형적이다. 또한 스포츠시설은 대부분 도시 외곽에 건설되기 때문에 스포츠경기를 관람하기 위해 이동하는 과정에서 대기오염 문제를 촉발시키고, 경기장 쓰레기, 폐기물 처리 문제, 그리고 관중소음 등이 문제점으로 지적된다.[4]

　이러한 스포츠와 환경에 대한 문제는 결국 어떤 시각으로 이 문제를 인식하고 바라보는가에 대한 문제로 귀결된다. 즉, 인간중심이냐 환경중심이냐에 따라 의견과 입장이 확연히 달라지는 것이다. 우리사회에서 스포츠는 이미 경제와 산업 측면에서 중요한 역할을 하고 있다. 스포츠를 향유하는 인구는 점차 증가할 것이며, 그 공간과 시설 역시 증가할 것이다. 따라서 지속가능한 발전 측면에서 환경보호와 개발의 균형을 적절하게 조절하는 것이 중요하다. 현재 IPCC (기후 변화에 관한 정부 간 협의체, Intergovernmental Panel on Climate Change)는 전 세계 과학자들을 총동원하여 지구 온난화 및 기후변화에 따른 복합적 사안에 대해 과학적, 기술적, 사회경제적으로 분석함으로써 대응책 마련을 위한 합리적 근거를 제시하고 있다.[5] 현세대뿐 아니라 미래세대의 생활까지 보장하기 위한 '지속가능발전'의 개념이 1987년 브룬트란트 위원회와 1992년 리우 정상회의를 통해 국제적으로 제시되었으며, 이후 다양한 논의를 거쳐 '지속가능 발전 목표(Sustainable Development Goals)'가 2016년부터 2030년까지 유엔과 국제사회의 최대 공동목표로 수립되었다.[6]

　마찬가지로 인간이 스포츠활동을 지속하고 영위하기 위해서는 스포츠시설의 개발과 환경보호의 적절한 균형을 위한 지속가능한 발전 방안을 모색해야 한다. 이러한 균형을 이루기 위해서는 책임의 주체가 필요한데, 스포츠는 인간의 활동인 까닭에 인간이 주체이며, 자연은 그대로의 주체가 된다. 따라서 자연은 피해의 입장이고 인간은 가해의 입장이라고 볼 수 있다. 우리는 인류의 탄생에서부터 환경과 함께 발전해왔다. 하지만 인류의 발전과 문명의 발달은 자연을 도전과 정복의 대상으로 만들었으며, 이로 인해 환경은 점차 파괴되어 재앙 수준의 이상징후가 나타나고 있다. 이러한 징후는 환경파괴로 인한 자연이 인류에게 보내는 경고의 메시지일 수 있다. 인간은 자연 없이는 생명을 보전할 수 없다. 따라서 더 늦기 전에 자연환경 파괴를 막고, 파괴된 자연을 회복시키며 상생과 공존의 방법을 실천하기 위한 모든 노력을 기울여야 한다.

스포츠와 자연의 공존은 스포츠에서 페어플레이의 실천과 같다. 즉, 자연은 인간에게, 인간은 자연에게 공정하고 최선을 다해 서로를 대하는 자세를 취해야 한다. 서로의 상황을 이해하고 수용할 때 자연과 인간은 스포츠를 매개로 상생과 공존의 윤리적 실천을 할 수 있게 된다. 또한 신체가 자연의 일부라는 인식을 확산하고, 이에 대한 세계관의 변혁이 함께 이루어져야 한다. 인간은 자연과 스포츠를 통해 윤리적 관계로 맺어진 하나의 공동체적 입장에서 서로에 대한 배려와 윤리적 나눔을 실천해야 할 것이다. 인간과 자연은 대상이 아닌 상대로서 윤리적 관계를 맺어야 하며, 스포츠 또한 자연과 인간의 관계 회복의 매개로서 작용해야 할 것이다.

2. 서로 다른 관점으로 생각해보기

1 인간중심주의[7]

　　인간중심주의는 도덕적 권리를 갖는 유일한 존재는 인간이며 모든 자연 대상을 오직 인간의 입장에서 바라보는 관점이다. 인간중심주의는 인간 이외의 모든 자연 존재의 가치를 오직 인간을 위한 수단으로서 인정하는 도구적 자연관의 성격을 지닌다. 도구적 자연관을 지닌 인간 중심주의는 산업화와 도시화 과정에서 자연이나 환경을 고려하지 않는 무분별한 개발을 가속화하였다. 그 결과 기후변화, 사막화, 오존층 파괴와 같은 심각한 환경문제가 발생하였다. 이처럼 환경파괴의 주범으로 지목된 인간중심주의를 '강경한 인간중심주의'라고 한다. 이에 반해 패스모어로 대표되는 '온건한 인간중심주의'는 현세대를 포함한 인류의 장기적인 이익을 위해 자연 친화적인 삶을 추구해야 한다고 주장한다. 온건한 인간중심주의는 강경한 인간중심주의에 비해 자연에 대한 존중과 책임 문제에 관심을 기울인다는 점에서 의미가 있지만, 인간의 이익이나 관심을 벗어난 환경오염이나 생태계 파괴는 여전히 고려하지 않는다는 한계를 지니고 있다. 생명 간의 위계질서를 주장하는 것은 인간중심주의의 핵심 입장이며, 인간만이 도덕적 행위의 주체로 간주된다. 인간중심주의에서도 인간을 위해 동물이나 식물, 자연물, 생태계를 보호할 필요가 있다고 주장할 수 있다. 인간중심주의는 어떤 뛰어난 능력을 동물이 가졌다 하더라도 도덕적 고려나 존중의 대상으로 보지는 않는다. 즉, 인간중심주의에서는 이성의 유무가 도덕적 고려나 배려 여부의 주요한 기준이 된다. 저명한 철학자들의 인간중심주의에 관한 주요 주장을 간략히 살펴보면 다음과 같다.

(1) 아리스토텔레스

사물의 질서는 불완전한 것이 완전한 것을 위해 존재하는 방식으로 형성된다. 즉, 사물들은 단순한 생명을 가진 식물을 닮고, 식물들은 동물을, 동물들은 인간을 닮는다. 그래서 인간이 동물의 선을 위해 식물을 사용하고 자신의 선을 위해 동물을 사용하는 것은 정당하다.

(2) 토마스 아퀴나스

동물을 이용하는 것이 자연법을 거스르는 것은 아니다. 하지만 인간이 동물의 고통에 동정심을 느낀다면 인간에게는 더 많은 동정심을 갖게 될 것이다. 이것이 바로 신의 뜻이다.

(3) 프랜시스 베이컨

인간에게는 자연을 이용할 수 있는 권한과 능력이 있다. 과학의 목적은 자연을 정복해 인간의 물질적 생활을 향상시키는 데 있다. 이를 위해 인간은 자연이 어떻게 작동하는지 알고, 자연을 이용할 수 있어야 한다.

(4) 르네 데카르트

이성적이지 않은 존재는 고통을 경험할 수 없다. 물질적 육체와 비물질적 영혼의 혼합체인 인간과 달리 동물은 의식이 없는 기계일 뿐이다. 동물은 고통을 느끼지 않는다. 고통받는 것처럼 보이지만, 사실은 고통을 느끼지 않는다. 왜냐하면 동물에게는 의식이 없기 때문이다. 동물은 마치 매우 정교한 시계와 같다.

(5) 임마누엘 칸트

우리는 어떤 용도로 쓰일 수 있도록 되어있는 대상들을 파괴해서는 안 된다. 자연을 무자비하게 파괴하고자 하는 성향은 인간의 자신에 대한 의무를 거스르는 것이다. 왜냐하면 도덕성을 증진하는 데 자연을 파괴하는 성향은 그러한 감정을 약화시키거나 제거하기 때문이다. 이성이 없지만 생명이 있는 동물들을 잔학하게 다루는 것은 인간의 자기 자신에 대한 의무에 어긋난다. 그리고 자연 중에 생명이 없지만 아름다운 것을 파괴하려는 성향도 인간의 자기 자신에 대한 의무에 어긋난다. 자연의 피조물이 이성을 갖지 않는다고 해서 잔인하게 다루면 안 된다. 그렇게 다룰 경우, 고통에 대해 공감을 일으키는 인간의 자연적 소질이 약화되기 때문이다. 우리가 동물에 대해서 갖는 모든 의무, 그리고 비물질적인 존재에 대해서 갖는 모든 의무, 그리고 생명이 없는 대상들에 대해서 갖는 모든 의무는 인간에 대한 우리의 의무와의 관계에 비추어 단지 간접적인 것이라고 말할 수 있다. 우리는 이성적 능력을 가진 인간에 대해서만 직접적 의무를 갖는다.

(6) 존 패스모어

인간이 진정으로 영리하다면 자원으로서의 자연을 가능한 장기간 이용할 수 있도록 노력할 것이고, 자연을 파괴하기보다는 환경을 보호하려고 노력할 것이다. 인간이 진정으로 자신을 위한다면 이성적으로 숙고된 판단을 바탕으로 자연 친화적인 삶을 영위해야 한다.

2 생태중심주의[8]

생태중심주의는 무생물을 포함한 생태계 전체를 도덕적 고려의 대상으로 여긴다. 생태중심주의는 생명 개체에만 초점을 맞추어 생태계 전체를 바라보지 못하는 개체 중심적인 환경윤리는 오늘날 환경문제를 극복하는 데 한계가 있다고 비판한다. 생태중심주의는 도덕적 고려의 범위를 개별 생명체가 아닌 생태계 전체로 보아야 한다는 전일론적 입장을 취한다. 대표적인 사상가로는 대지윤리를 주장한 레오폴드와 심층적 생태주의를 주장한 네스가 있다.

(1) 알도 레오폴드

레오폴드는 대지란 자연의 모든 존재가 서로 그물망처럼 얽혀 있는 생명 공동체라고 주장하며 대지윤리를 제시하였다. 대지윤리는 인간은 대지의 한 구성원일 뿐이며 자연은 인간의 이해와 상관없이 내재적 가치를 지니므로 흙과 물, 동식물과 인간까지 포괄하는 자연 전체가 도덕적 고려의 대상이 되어야 한다고 보는 입장이다. 대지윤리에서는 개체로서 생명의 가치보다는 생태계 전체의 유기적 관계와 균형을 중요시한다. 대지윤리는 인류의 역할을 대지 공동체의 정복자에서 그것의 평범한 구성원이자 시민으로 변화시키며, 인류에게 동료 구성원에 대한 존중 그리고 공동체 자체에 대한 존중을 필연적으로 수반한다. 대지윤리는 인간에게 자원의 사용, 권리, 혹은 변화를 금지하지 않는다. 그러나 그것이 비록 일부 지역에 국한되더라도 자연 상태 그대로 생존할 권리는 보장되어야 한다. 대지윤리의 기본 원리는, 어떤 것이 생명 공동체의 온전성, 안정성, 아름다움을 보전하는 경향이 있다면 옳고, 그렇지 않다면 그르다는 것이다.

레오폴드는 자연이나 환경을 인간의 삶의 고양을 위한 도구적인 가치로 한정하는 입장에 반대하고, 모든 생명체를 동등하게 존중받아야 할 고유한 내적 가치를 지닌 존재로 간주한다. 이런 관점에 입각하여 레오폴드는 생물과 무생물을 모두 포용하는 대지에도 도덕적인 지위를 부여해야 한다고 주장한다. 인간만을 도덕 공동체의 범위에 포함시켰던 전통 윤리와는 달리 동식물은 물론 대지까지 그 범위에 포함시킴으로써 동식물과 대지에 대한 인간의 약탈은 정당하지 않으며 잘못된 일이라는 사실을 깨달아야 한다고 주장한다. 즉, 모든 것을 포함하고 있는 대지를 인간이 소유한 재산으로만 간주해서는 안 되며, 인간과 마찬가지로 대지도 도덕적인 대상으로 간주되어야 하고 따라서 도덕적인 지위를 부여해야 한다는 것이 레오폴드의 입장이다.

(2) 아르네 네스

노르웨이 철학자 네스는 인간 중심주의적 환경보호 운동을 비판하며 세계관과 생활양식 자체를 생태 중심적으로 바꾸는 심층생태주의를 주장하였고 자신을 자연과의 상호 연관 속에서 존재하는 것으로 이해하는 '큰 자아실현'과 모든 생명체를 상호 연결된 전체의 평등한 구성원으로 보는 '생명중심적 평등'을 제시하였다. 네스는 자신의 입장을 '피상적 생태주의'와 구분하여 '근본적 생태주의'라고 명명하였다. 그에 의하면 '피상적 생태주의'는 환경오염이나 자원고갈 문제에 대한 근시안적, 인간중심적, 기술주의적 환경 운동, 특히 주로 선진국 국민들의 건강과 풍요를 목적으로 하는 운동을 지칭한다. 이것이 피상적인 까닭은 산업사회 패러다임에 내포된 이념과 형이상학적 전제가 근원적으로 옳고 그른지에 대해 전혀 의문을 품지 않기 때문이다. 네스는 이를 통해서는 지구 전체의 환경 문제 해결이 불가능하며 국가나 지역사회의 격차만 더욱 커질 뿐이라고 비판한다.

반면에 근본적 생태주의는 우리의 세계관과 문화의 생활양식 따위에 대해 근원적인 질문을 던지며, 그것들을 새로이 형성되고 있는 생태학적 비전과 조화되도록 개조하려는 장기적인 안목의 급진적인 생태운동을 지칭한다. 피상적 생태주의는 환경오염과 자원고갈 문제에 대해서만 관심을 가지며 환경운동의 직접적이고 단기적인 효과만 노린다. 그러나 근본적 생태주의는 인간이 자연으로부터 독립되어 있다는 관점을 거부하고 전체 관계를 살피며, 환경 문제를 해결하려면 세계관과 생활양식 자체를 근본적으로 바꾸어야 한다고 본다. 즉,

심층생태주의는 인간과 식물, 동물, 지구의 통일성을 인정하고 기존의 인간 중심적 세계관을 근본적으로 바꿔야 한다고 주장한다.

이러한 네스의 생태중심주의적 주장은 환경문제를 해결하기 위해 생태계 전체에 대한 포괄적 시각이 필요함을 일깨워 주었다. 네스의 심층생태주의는 레오폴드의 대지윤리 한층 더 근본적인 변화와 실천을 요구한다. 심층생태주의는 환경 캠페인과 같이 환경을 배려하고 보호하는 피상적인 활동보다는 세계관이나 사고방식과 같은 근본적인 인식 자체를 바꾸어야 한다고 주장한다. 이러한 네스의 심층생태주의는 현대 생태학과 불교, 미국 인디언들의 고유문화와 서양의 스피노자, 루소, 소로 등의 영향을 받았다.

3. 공존의 윤리: 호모 심비우스 스포츠관

'호모 심비우스(Homo symbious)'는 공생하는 인간이라는 뜻으로, 우리 인류가 자연의 일부임을 다시 한번 자각하고 다른 생명과 함께 지구를 공유하는 생태적 전환을 이루는 21세기 인간상이다.[9] 스스로를 호모사피엔스라 칭하는 현세인류는 자연을 이용하여 풍요를 누리며 살아왔다. 스포츠 역시 인간 풍요의 한 요소로 인간의 쾌락을 위한 도구라고 할 수 있다. 스포츠 역시 자연을 이용하고 더 나아가 자연을 훼손하며 발전을 이루어 온 것도 부정할 수 없는 사실이다. 이제부터라도 인간은 다른 생물자원들과 공생하는 방법을 배우고 익혀서 자연과 공생하는 인간, 즉 호모 심비우스로 거듭나야 할 것이다.

"원금은 건드리지 말고 이자만 갖고 살아라." 2002년 우리나라 코엑스에서 개최된 제8회 세계 생태학 대회에 기조 연설자로 초대된 박경리 선생님이 연설 마지막에 한 말이다. 이 한 문장으로 우리 인간이 생태자원에 대해 갖추어야 할 태도에 대해 충언하였다. 결국 '이자만 활용한다'는 의미는 우리가 지키려는 생태자원과의 공생하는 삶을 말하는 것이다. 우리가 이 지구의 환경을 지키며 더 오래 살아남고 싶다면 스포츠도 이제는 호모 심비우스로 겸허하게 거듭나야 한다.

나가며

스포츠 역시 이제는 자연을 이용만 하지 말고 자연과 공존하는 방법을 찾아야 한다. 대규모 스포츠 이벤트 개최 시 자연의 훼손을 최소화할 수 있는 규정과 경우에 따라 스포츠 규칙도 개정할 준비를 시작해야 한다. 그래야만 스포츠도 인류에 이바지하는 하나의 문화로서 앞으로도 자리 잡을 수 있을 것이다. 스포츠도 이 지구를 공유하고 사는 다른 모든 생물들과 공생하는 방법을 배워야 한다. 즉, 21세기 새로운 인간상으로 자연과 인간이 공생할 수 있는 '호모 심비우스'적 윤리 사상이 우리 스포츠에서도 논의되어야 할 시점이다.

06

장애인스포츠와 윤리

안 재 찬

06

/

장애인스포츠와 윤리

들어가며

스포츠는 기본적으로 공정과 평등에 원칙에 근거하여 분리와 차별을 허용하지 않는다. 하지만 경기에 있어서 우리는 조금 더 공정함을 추구하기 위해서 때로는 남녀, 체급, 나이 등으로 구분을 짓기도 한다. 장애인스포츠와 비장애인스포츠의 경기의 구분도 같은 맥락일 것이다. 때로는 장애인과 비장애인이 함께 할 수 있는 경기도 있지만 그렇지 못한 경기도 있으므로 우리는 보편적으로 비장애스포츠와 장애스포츠를 구분하여 경기하고 있다. 그렇다면 스포츠윤리에 있어서 장애스포츠와 비장애스포츠는 다른 것일까? 아니면 같은 것일까? 윤리는 인간의 보편성 가치를 가지고 옳고 그름을 판단하기 때문에 그게 달라질 이유는 없겠지만 장애인스포츠가 가진 특수성에 따른 스포츠윤리적 문제를 파악하고자 한다[1].

1. 장애인스포츠와 윤리[2]

우리나라 장애인스포츠는 서울올림픽대회와 서울장애인올림픽대회를 거쳐 비약적인 발전을 해왔으며, 특히 평창패럴림픽에서는 역대 최고의 성적을 거두었다. 각 대학교에는 특수체육학과가 개설되고 장애인들이 참가하는 스포츠행사들이 지역사회를 중심으로 정기적 또는 비정기적으로 개최되고있다. 이러한 발전과 더불어 장애인스포츠와 특수체육의 위상도 예전에 비해 많이 격상되었지만 더불어 많은 문제점도 동시에 수반하게 되었다. 최근 들어 장애인스포츠 분야에서 지도자, 교사, 선수, 학생들의 폭력사고와 같은 인권 관련문제와 장애인스포츠 경기에서의 비윤리적인 문제들이 많이 발생하는 것을 확인할 수 있다[3].

장애인 스포츠에서 폭력, 성추행, 금품수수 등과 같은 윤리 문제 해결에 있어서 교육의 역할은 매우 중요하다. Lee, Cripps, Malloy, Cox[4]는 치료레크리에이션 윤리강령의 강화 방안에서 윤리 교육의 중요성을 강조 하였고 박주한[5]은 스포츠현장에서 윤리문제는 윤리교육 없이 해결 될 수 없다고 보고하고 있다. 장애인 스포츠지도자들은 윤리교육이 윤리문제 해결의 가장 중요한 요소로 언급하고 있다. 이원섭, 김지태[6]는 특수체육전공자들을 대상으로 한 윤리적 민감성에 대한 연구에서 연구윤리교육경험의 유무가 윤리적 민감성에 영향을 미친다고 보고하고 있다. 즉 윤리교육을 받은 집단이 그렇지 않은 집단보다 윤리적 민감성이 더 높은 것으로 나타났다.

미국의 전미장애인체육연합(The National Consortium for Physical

Education for Individuals with Disabilities)은 장애인체육교사가 알아야 할 15개 항목의 교육표준을 제정하였는데 그중 하나가 윤리이다.[7] 교육표준은 교사나 지도자들이 지녀야 할 최소기준이므로 국가 자격시험에도 항시 반영이 되고 있으며 이를 위해 학교에서 윤리교육을 필수적으로 실시한다. 또한 세미나나 학회를 통해서 윤리에 관한 워크샵 또는 인터넷 상에서 제공되는 온라인을 통한 세미나webinar 형태로 교육 프로그램이 운영된다.

또한 전미 치료레크리에이션협회American Therapeutic Recreation Association도 자체 교육/실행 표준Standard of Practice을 갖고 있고 윤리적 실행이 표준 항목 중 하나로 명시되어있다[8]. 여기에 더하여 윤리강령을 제정하여 대학 커리큘럼에 의무적으로 반영하게 되어있으며 학회, 세미나를 통해서 사례를 중심으로 한 윤리교육을 실시하고 있다[9]. 전미장애인체육연합과 마찬가지로 치료레크리에이션 역시 국가자격증취득 시험에 윤리가 필수 항목으로 지정되어져있다. 의학에서의 윤리는 서론에서 밝혔던 것처럼 그 역사가 기원전 400년으로 올라가 히포크라테스 선서에 뿌리를 두고 있다. 한국에서도 1980년에 처음으로 '의학윤리' 라는 제목의 교과목이 가톨릭대학에서 개설이 되었고 이후 연세의과대학에서 1986년부터 의학과 4학년 학생들을 대상으로 '의료윤리'를 가르치기 시작하였다. 이후 총 41개의 의과대학 중 37개의 대학(90.2%)이 다양한 형태로 의료윤리를 교육과정에 포함하고 있다[10]. 이에 반해, 박주한에 따르면 현재 수도권의 30개 주요대학중 스포츠윤리 교과목을 운영하는 학교는 2개의 스포츠경영(산업)학과, 1

개의 체육학과, 그리고 1개의 국제스포츠학과 뿐인 것으로 나타났다. 2개의 스포츠경영학과도 스포츠산업윤리에 관한 교과목일 뿐이고 특수체육학과는 전혀 윤리교육을 실시하지 않는 것으로 나타났다.

중앙기관인 대한장애인체육회에서도 선수와 지도자를 대상으로 하는 스포츠윤리교육은 전무하며, 이와 관련된 (성)폭력 예방을 통한 권익증진을 위한 교육에 치중되어있다. 대한장애인체육회는 공정성 확립과 비리근절을 위해 2013년 4월 부처 '장애인스포츠인권익보호센터'를 설치 운영하였고, 2018년에는 '체육인지원센터'로 확대, 이천선수촌에 '스포츠인권상담실'을 개소하였다. 이는 전문 상담사 배치를 통해 장애인스포츠에서 발생하는 각종 폭력 예방 교육 및 다양한 상담의 목적을 두고 있다.

2. 장애인스포츠의 이해

1 장애인스포츠란?

장애인스포츠는 장애인선수가 참여하는 경쟁 스포츠를 말한다. 장애인스포츠는 장애인체육에 비하여 협소한 의미로 사용되며, 장애인 체육단체가 개최하는 경기종목으로 범위를 한정 짓는다. 장애인스포츠는 스포츠의 한 범주로 장애가 있는 사람들이 참여하는 스포츠를 의미하며, 장애인의 신체적, 정신적 건강을 증진하고 사회적 능력을 향상시키기 위하여 행하는 운동경기, 야외운동 등의 신체활동을 말한다.

우리나라에서 장애인스포츠에 참여하기 위해선 '장애인복지법 제 2조'의 ①번('장애인'이란 신체적·정신적 장애로 오랫동안 일상생활이나 사회생활에서 상당한 제약을 받는 자를 말한다.)과 ②번(장애인은 장애의 종류 및 기준에 해당하는 자를 말한다.)에 해당하는 자에 한정되며, '장애인복지법시행령'의 '장애의 종류 및 기준'에 부합되어야 한다. 즉 장애인스포츠에 참여하기 위해서는 반드시 장애인스포츠 기준에 적합해야하며 장애인스포츠의 종목별 스포츠등급 분류를 받아야한다.

② 장애인스포츠의 등급분류11

(1) 등급분류(Classification)란 무엇인가?

여러 가지 질병이나 사고로 인하여 장애가 발생한 장애인 선수들은 다양한 기능장애를 가지고 있으며, 손상 정도에 따라 그 기능이 매우 다르다. 따라서 동일한 정도의 선수끼리 경기를 해야 공정성을 갖게 된다. 그 이유에서 장애인 선수들이 가지고 있는 기능 정도에 따라서 등급을 나누는 것을 등급분류라고 한다. 모든 선수들은 등급분류를 통하여 경기 등급을 부여받은 후 경기에 참여할 수 있다.

(2) 등급분류의 목적

첫 번째, 경기 종목별로 선수들의 참가자격을 결정하기 위함이며, 두 번째, 선수들이 동일한 조건하에서 공정한 경쟁을 할 수 있도록 같은 정도의 운동능력과 장애가 있는 선수들끼리 모으기 위하여 평가하는 것이다.

(3) 등급분류의 기준

모든 등급분류 기준에 관한 사항은 IPC(국제장애인올림픽위원회) 등급분류위원회에서 제정한 법률집인 등급분류코드Classification에 기록되어 있으며, IPC등급분류코드에는 각 경기단체에서 등급분류의 평가, 방법, 문제처리정차에 대한 모든 내용들이 기록되어있다. 그러므로 각 국제경기연맹과 각국의 장애인올림픽위원회에서는 IPC 등급분류코드를 준수하여 등급분류규정을 제정한다. 즉 각국의 경기단체들은 자국의 장애인올림픽위원회의 등급분류코드와 종목별 세계경기연맹의 등급분류규정을 토대로 등급분류기준을 정하여 선수들의 등급분류를 시행하게 된다. 따라서 등급분류의 기준은 각 경기 종목마다 다르고 또한 경기 종목별 등급분류규정에는 전문 엘리트 선수가 될 수 있는 최소 장애의 조건이 기록되어 있다.

(4) 등급분류사

각 경기종목별로 정해진 등급분류규정에 따라서 등급분류를 시행하는 사람을 등급분류사Classifier라고 부른다. 각 경기단체에서 등급분류에 관한 모든 사항을 지휘 감독하는 총책임자를 수석등급분류사Head of classifier, 특정 경기에서의 등급분류에 관한 문제들을 지휘 감독하는 총책임자는 책임등급분류사Chief classifier라고 부른다. 국제 경기에서 등급분류를 할 수 있는 국제등급분류사International classifier가 있고, 국내에서만 등급분류를 할 수 있는 국내등급분류사Domestic classifier가 있으며, 국제등급분류사가 되기 위하여 훈련을 받고 있는 훈련생도 있다. 특정경기에서 등급분류를 결정하는 등급분류사 그룹을 등급분류패널이라고 부른다. 국제등급분류패널은 최소 2명의 등급분류사를 포함해야 한다. 등급분류는 국제적으로 공인된 국제등급분류사에 의해 이루어져야 모든 경기의 기록이 국제적으로 공인 될 수 있다. 수영과 같이 등급분류사의 전문성과 역할에 따라서 의학적 등급분류사Medical classifier와 기술적 등급분류사Technical classifier나누어 각자의 역할을 담당하면서 등급분류에 관여하는 경기 종목도 있고 휠체어농구와 같이 의학적 및 기술적 등급분류사를 통합하여 한 종류의 등급분류사만 있는 경기종목도 있다. 의학적 등급분류사는 의사, 물리치료사, 작업치료사 등의 의학/건강 관련 전문지식을 가진 등급분류사를 말하며, 기술적 등급분류사는 스포츠과학자, 코치, 선수 출신, 체육교사 등과 같이 체육/기술분야 전문지식을 가진 등급분류사를 말한다. 이와 같은 등급분류사에 관한 모든 사항은 IPC 등급분류위원회에서 제정한 등급분류코드와 각 국제경기연맹별 등급분류규정에 기록되어 있다.

(5) 등급분류의 과정

• 등급분류 동의서 작성

장애인 선수들은 등급분류를 받기전 등급분류에 대한 동의서를 작성하게 된다. 이 동의서는 선수들 자신이 등급분류를 받아야 하는 이유에 대한 설명을 듣고 최선을 다하여 등급분류 과정에 참여하겠다는 각서이다. 동의서를 받는 이유중 하나는 등급분류를 받는 과정 중에서 통증과 같은 불편감이 발생할 수 있음을 선수들에게 알려주는 동시에 선수들이 자신의 기능과 기술을 모두 보여주면서 등급분류를 받아야 한다는 사실을 깨우쳐 주기 위함이다. 만일 등급분류 과정 중에 선수가 비협조적으로 행동을 하거나 자신이 가지고 있는 운동능력이나 기술을 의도적으로 거짓 표현한다고 판단될 경우에는 등급분류규정을 위반한 것으로 간주하여 등급을 받을 수 없으며 동시에 경기에도 참가할 수 없게 된다. 이와 같은 내용의 등급분류에 대한 동의서를 작성한 후에 비로소 등급분류가 시작된다.

• 3단계의 등급분류과정

등급분류는 각 경기종목마다 방법에 차이가 있지만 대부분 진찰을 통하여 신체적기능을 평가하는 의학적 검사(Medical test 혹은 Bench test)와 경기 종목별로 경기 기술을 평가하는 기술적 검사Technical test 그리고 경기 중 관찰Observation during competition이라는 3단계를 거쳐서 이루어진다.

- **의학적 검사** : 선수의 전신 근력과 관절운동범위 등을 평가하여 장애 정도가 어느 정도인지를 확인하는 과정이다.

- **기술적 검사** : 선수가 물속에서 직접 수영을 하게 하면서 여러 가지 수영에 관한 기술을 평가하는 것처럼 각 경기종목별로 특정한 경기와 관련된 운동능력과 기술을 평가하는 과정이다. 의

학적 검사와 기술적 검사를 통하여 일차적 등급분류가 결정되면 경기에 참여할 수 있게 된다.

- **경기 중 관찰** : 새롭게 등급분류를 받은 선수들이 경기하는 과정을 주의 깊게 관찰하면서 일차적으로 결정된 등급분류를 확인하는 과정이다. 왜냐하면 의학적 검사와 기술적 검사를 이용한 등급분류를 시행하는 과정 중에서 선수들이 보여주지 않았던 운동능력 혹은 기술이 경기를 통하여 발견될 수 있기 때문이다. 만일 선수들이 등급분류 과정에서 솔직하게 자기의 기능을 충분하게 발휘하지 않았다면 경기 중 관찰을 통하여 등급분류를 확인한 후에 등급분류의 조정이 일어날 수 있다. 이런 경우에는 경기가 끝난 후에 다시 등급분류를 받게 되는 경우도 있다.

● **스포츠 등급상태**

등급분류를 받은 선수는 N(New), R(Review), C(Confirmed)의 3가지 등급상태로 표시된다. 스포츠 등급상태 N(신규 등급상태)은 국제 등급분류패널의 평가를 받아본 적이 없으며 각 국제경기연맹이 승인해주는 스포츠등급을 가지지 않은 선수들을 말한다. 이 선수들은 국제대회에 참가하기 전에 반드시 등급분류를 받아야 한다. 스포츠 등급상태 R(재심사 등급상태)은 국제등급분류 패널의 평가를 받았으나 각 국제경기연맹이 규정하는 이유로 인하여 등급 재심사가 필요한 선수를 말한다. 이 선수의 경우 현재 스포츠 등급은 유효하나 재심사를 받게 되면 대회 이전 혹은 대회 중에 스포츠 등급이 바뀔 수 있다. 장애가 변하는 선수들, 스포츠 등급 확정을 위하여 대회 중 추가관찰이 필요하다고 결정된 선수들이 여기에 포함된다. 이 선수들도 국제경기 참가 이전에 반드시 등급분류를 받아야 한다. 스포츠 등급상태 C(확정등급상태)는 국제등급분류패널이 평가하여 등급이 변하지 않을 것이라고 확정한 선수를 말한다. 예외적 상황으로 인해 항의가 제기되는 경우를 제외하고는 자신의 등급이 유효하며 대회 이전이나 대회 동안에 등급이 변하지 않는다.

- ● **등급분류에 대한 이의신청**

등급분류를 받은 선수는 자신의 등급이 동일한 장애를 가진 다른 선수들보다 높게나와서 부당하다고 판단하거나 다른 나라의 선수가 받은 등급이 부당하다고 느낀 경우에 이의를 제기할 권리가 있다. 이와 같이 스포츠 등급에 대하여 공식적으로 이의를 제기하고 이에 대한 판정이 내려지는 과정을 항의Protest라고 한다. 또한 등급분류에 관한 절차상의 문제점이 발생한 경우 이러한 문제점를 해결하기 위한 과정을 항소Appeal라고 한다. 항의와 항소는 선수들과 각국의 장애인올림픽위원회 및 경기단체들의 권리에 해당한다. 항의가 선수의 권리에 해당하지만 모든 선수들이 자신의 등급에 대하여 항의를 한다면 경기는 이루어질 수 없게 된다. 이와 같이 등급분류에 대한 항의의 남발을 막기 위하여 IPC 등급분류코드와 각 국제경기연맹의 등급분류규정에는 여러 가지 항의 절차에 대한 사항들이 기록되어 있다. 정해진 절차에 따라서 항의가 받아들여지면 수석등급분류사는 각 경기단체의 규정에 따라서 새로운 제2의 등급분류패널을 구성하여 등급분류 평가기간동안에 등급분류가 다시 시행될 수 있도록 노력해야 한다. 항소는 IPC 윤리위원회나 각 국제경기연맹 윤리위원회에서 국제기준에 따라서 처리한다.

장애등급 분류표

종목	장애유형	등급	참고설명
골볼	시각장애	B1~B3	B1:WJ
론볼	절단 및 기타장애 퇴성마비 척수장애	B4, B5, B6, B7, B8	-
배드민턴	절단 및 기타장애	BLa1, LBa2, LBa3 BAW1, BAW2	LBa1:하자부분 절단장애 LBa2,LBa3:상지부분 절단장애 BAW:경추 및 척수장애(휠체어사용) 작은 숫자일수록 장애정도 심함
	청각장애	DB	DB:데시벨
	지적장애	MH	MH:Mental Handicap
보치아	뇌성마비	BC1, BC2, BC3	BC:Boccia(보치아) 1:중증장애 3:홈통경기
볼링	절단 및 기타장애 척수장애	B8, B9, B10	B:볼링 8:휠체어 9:하지 10:상지장애
	뇌성마비	B5, B6, B7	B:볼링 5~7:스탠딩(입식)
	시각장애	B1, B2, B3	B1:전맹 B2:준맹 B3:약시 작은 숫자일수록 장애정도 심함
	청각장애	DB	DB:데시벨
	지적장애	MH(B4)	MH:Mental Handicap
사격	절단 및 기타장애 퇴성마비 척수장애	SH1, SH2	SH:Shooding(사격)장애의 심한정도:사격1등급<2등급
사이클	절단 및 기타장애	LC1~LC4	LC:절단 및 기타장애 작은 숫자일수록 장애정도 심함
	뇌성마비	DB3(C5,C6), DV4(C7,C8)	DV3,4:세부종목명(예:100M, 200M달리기) C5,C6가 C7,C8보다 장애정도 심함
	청각장애	DB	DB:데시벨
	지적장애	MH	MH:Mental Handicap
	시각장애	B1~N3	B1:전맹 B2:준맹 B3:약시

종목	장애유형	등급	참고설명
수영	절단 및 기타장애 뇌성마비 척수장애	S1~S10 SB1~SB9	S:수영 작은 숫자일수록 장애정도 심함
	시각장애	S11, S12, S13	S:수영 11~13:시각장애
	청각장애	DB	DB:데시벨
	지적장애	S14(MH)	S:수영 14:지적장애
양궁	절단 및 기타장애 뇌성마비 척수장애	ARW1, ARW2, AST, 컴파운드오픈	AR:Archery(양궁) W:Wheelchair:휠체어 1:경추손상 2:척추장애 ST:스탠딩(입식)
역도	절단 및 기타장애 뇌성마비/척수장애	통합등급	–
	시각장애	B1~B3	B1:전맹 B2:준맹 B3:약시
	청각장애	DB	DB:데시벨
	지적장애	MH	MH:Mental Handicap
유도	시각장애	B1~B3	B1:전맹 B2:준맹 B3:약시
	청각장애	DB	DB:데시벨
육상	절단 및 기타장애	T42~T46 F42~F46	T:트랙경기 F:필드경기 42~46:절단 침 기타장애 작은 숫자일수록 장애정도 심함
	뇌성마비	T31~T38 F31~F38	T:트랙경기 F:필드경기 31~38:뇌성마비 작은 숫자일수록 장애정도 심함
	척수장애	T51~T54 F51~F58	T:트랙경기 F:필드경기 51~58:척수장애 작은 숫자일수록 장애정도 심함
	시각장애	T11~T13 F11~F13	T:트랙경기 F:필드경기 11~13:시각장애 작은 숫자일수록 장애정도 심함
	청각장애	DB	DB:데시벨
	지적장애	T20 F20	T:트랙경기 F:필드경기 20:지적장애
좌식 배구	절단 및 기타장애	통합등급	
축구	뇌성마비	C5~C8	C5~C8:뇌성마비
	지적장애	MH	MH:Mental Handicap
	시각장애	B1~B3	B1:전맹 B2:준맹 B3:약시
탁구	절단 및 기타장애 뇌성마비	TT1~TT10	TT:Table Tennis 1~5:휠체어 선수

종목	장애유형	등급	참고설명
	척수장애		6~10:입식 선수
	청각장애	DB	DB:데시벨
	지적장애	TT11(MH)	TT:Table Tennis 11:지적장애
	시각장애	B1~B3	B1:전맹 B2:준맹 B3:약시
휠체어 농구	척수장애 절단장애	1~4,5포인터	작은 숫자일수록 장애정도 심함
휠체어 럭비	척수장애 절단 및 기타장애	0.5~3.5포인터	작은 숫자일수록 장애정도 심함
휠체어 테니스	척수장애 절단 및 기타장애	척수.절단/경추장애	-
휠체어 펜싱	절단 및 기타장애 퇴성마비 척수장애	2등급, 3/4등급	-

3. 장애인스포츠의 윤리적 쟁점

■ 장애인스포츠 등급분류의 문제

장애인스포츠의 종목별 대회에 참가하기 위해선 장애인복지법에 근거한 공식 장애등급을 받거나 국제 스포츠등급을 부여받아야 가능하다. 스포츠등급에 따른 선수자격에 대한 논란은 장애인스포츠에 참가를 위한 등급부여의 관리가 허술하게 이루어지고 있는 체육회 차원에서의 문제와 더불어 국위선양이라는 명분하에 해당 연맹에서 주도해 암묵적으로 용인하였다는데 그 문제가 심각하다고 볼 수 있다. 장애등급을 받지 못한 선수들을 대상으로 스포츠등급이라는 제도를 악용하여 장애인스포츠경기에 참가시킴으로써 '공정한 룰에 의한 경쟁'이라는 스포츠 고유의 가치를 훼손하고 나아가 국내 장애인

스포츠의 인식에 악영향을 미쳐온 이면이 여실히 드러나고 있다.

스포츠에서의 '공정성'은 운동선수들 간에 경쟁을 성립시키는 기본조건이며 스포츠의 본질적 요소이다. 또한 '공정성'은 스포츠정신으로 표현되는 가장 핵심적 가치이며 정직과 노력, 페어플레이와 공정 등의 고귀한 가치를 우리 사회 안에 심어준다[12]. 이러한 스포츠는 정정당당한 경쟁을 통해 승부를 겨루기 위하여 경기 규칙을 바탕으로 진행된다.[13,14] 스포츠를 통해 건강과 즐거움을 제공함으로써 행복한 사회를 이룩하는데 중요한 역할을 수행할 수 있었던 것은 공정한 경기규정과 규칙을 통해 승부를 결정짓고, 그에 따른 보상이 이루어지는 순수한 스포츠 고유의 본질을 오랫동안 지켜오며 발전해왔기 때문이다.[15,16] 따라서 스포츠와 관련된 선수, 지도자, 경기단체 관계자 모두 공정하고 투명한 기준에 입각하여 스포츠의 공정성을 유지하기 위해 노력하여야 한다.[17] 즉 스포츠와 장애인스포츠의 구분에 있어 형태와 특수성에서는 차이가 발생할 수 있지만, 스포츠의 근본적인 가치와 본질은 변할 수 없는 것이다. 특히 장애인스포츠의 목적을 '차이에서 오는 차별의 행위들을 공정하고 평등하게 모두가 누릴 수 있는 스포츠'라고 칭한다고 할 때 등급분류에 대한 문제는 매우 사안이 심각하며 하루속히 개선되어야 할 문제이다. 일명 '스포츠등급 부정취득선수'의 양산은 장애인스포츠의 공정성과 페어플레이라는 스포츠의 본질 훼손과 비윤리성이라는 문제점을 발생시킨다.

우리나라 등급분류에 대한 문제점의 첫발은 등급분류에 대한 장애인 선수와 각 경기종목별 지도자들의 인식부족에서 나타한다. 등급분류란 전문체육선수를 위한 평가이다. 그러나 스포츠 현장 속에서의 등급분류는 장애인 스포츠에 참여하기 위한 입장권으로만 생각하고 있다. 경기 기술을 충분히 익힌 후에 등급분류를 받는 것이 아니라 초보선수임에도 등급분류를 받고 경기에 출전하는 것이다. 또한 이러한 선수들은 재평가를 받아야 하지만 재평가에 대한 규정이 없는 실정이다.

두 번째는 우리나라 등급분류 시스템에는 여러 가지 체계적인 문제점이 있다. 각 경기단체별로 규정된 등급분류제도가 없고, 등급분류가 필요한 선수가 증가하고 있으나 등급분류사는 턱없이 부족하며, 이에 대한 등급분류사 양성 방안도 미흡한 실정이다. 또한 현행 등급분류카드는 수기작성을 하고 있어서 보관 및 관리상의 문제점이 쉽게 발생할 수 있으나 책임소재가 불분명하며 또한 부정확한 등급분류체계로 인한 등급판정은 선수 당사자의 피해를 초래할 수 있다. 경기종목단체간의 등급분류시기, 비용 등이 상이하여 등급분류사의 업무에 혼란을 가중시키고 있으며, 각 경기종목별 책임 혹은 수석등급분류사들이 주로 수도권에 거주하고 있어서 지방 선수의 경우 신규 등록이나 재검사시 매번 수도권으로 와서 등급분류를 받아야 하는 불편함이 있고, 불편함을 해소하기 위해 소속 지역에서 등급분류를 받았을 경우 전국장애인체육대회에서 등급판정에 대한 항의가 자주 발생한다. 이는 장애인복지등급은 발급자체가 까다롭고, 스포츠등급은 발급이 허술하다는 점에 있다. 장애인복지등급은 국가차원에서 관리하며, 스포츠등급은 전문의의 의료진단서만 있으면 발급이 가능하다는 것이에서 문제가 발생할 수 있다. 즉 전문의가 비양심적으로 의료진단서를 발급하고 비장애인 선수가 연기를 한다면 스포츠등급을 부여 받을 수 있고 장애가 없는 비장애인도 장애인스포츠경기에 참가할 수 있는 것이다.

'스포츠등급 부정취득선수'의 윤리적 쟁점은 경기의 공정성과 페어플레이, 스포츠맨십과 결부되어있다. 이는 상대선수에 대한 배려와 예의의 결여, 경기와 관련된 모든 사람을 속이는 비윤리적 행위, 더 나아가서는 장애인에 대한 모독이라고 할 수 있을 것이다. 실제로 장애인선수가 '스포츠등급 부정취득선수'와 경기를 펼쳤을 때 제대로 된 기술을 구사하지 못해 무기력감을 느끼며, 그로 인한 좌절감과 배신감을 느끼는 것으로 나타났다. 결국 '스포츠등급 부정취득선수' 문제는 윤리적인 문제에서 출발한다. 연구결과에서 나타났던 개인의 이득을 위한 스포츠등급 부정취득선수의 발생과 장애인복지등급과 스포츠등급의 장애차이에서 오는 문제, 스포츠등급부여 주체의 공신력 결여문제, 경기 시에 나타나는 스포츠등급 부정취득선수와 장애선수와의 공정성 및 부정취득선수의 스포츠맨십의 파괴현상, 그리고 이러한 부당한 승리로 인해 나타나는 정당한 기준의 장애를 가진 선수의 기회박탈 및 좌절감 발생, 경기단체의 선수보호 및 역할 부재와 실적위주의 행정지원의 문제, 마지막으로 선수개인의 자질에 관한 윤리적 문제와 윤리의식의 부재의 문제는 지속적인 자정의 노력과 윤리적 변화를 통해서 이룩할 수 있을 것이다.

이러한 모든 문제점들의 해결방안은 첫째, 대한장애인체육회 주관으로 체계적인 교육을 시행하여 양질의 등급분류사를 양성하는 것이며, 둘째, 빠른 시일 내에 각 경기종목별로 등급분류에 대한 규정을 정비하게 하는 것이다. 셋째, 우리나라의 스포츠 등급분류 네트워크를 설치하고 대한장애인체육회 내 등급분류를 담당하는 전담인력을 확보하는 것이다.

② 장애인스포츠에서의 승부조작의 문제[18]

(1) 장애인스포츠에서 승부조작의 유형[19]

장애인선수들은 실업팀소속을 유지하기 위해 시·도 대항 전국장애인체육대회에서 같은 팀 소속의 선수를 밀어주는 형태의 승부조작을 저지르거나 실업팀에 들어가기 위해 각종 대회에서 개인 간의 거래를 통한 승부조작에 가담하는 사례가 있다. 또한 장애인선수들은 시·도장애인체육회 소속으로 체전에 경기를 참가할 때 '우수선수 등 경기력 향상 육성비'가 각 시도별 기준에 따라 지원을 받게되는데 장애인선수에게 있어 '우수선수 등 경기력 향상 육성비' 또한 승부조작의 주요한 이유가 될 수 있다. 결국 이러한 구조적 문제로 인해 승부조작의 유혹에 쉽게 빠지게 되고 장애인스포츠 내부에 있어서 표면화 되지 않는 원인이 될 수 있다.

2015년 장애인탁구 종목에서 실업팀 소속 선수 간의 속칭 밀어주기에 의한 승부조작 사건이 발생하였음에도 불구하고 장애인탁구협회에서 자체 징계를 내리는 것으로 마무리되었다. 문제는 이와 같은 승부조작 소식이 장애인스포츠계에서는 널리 알려진 사실임에도 불구하고 사회적으로 뉴스나 기사화되지 않고 있으며, 또한 2000년 장애인스포츠계 전반에 걸쳐 사회적 물의를 일으킨 시드니장애인올림픽 지적장애인농구경기 부정선수 사건과 같은 형태의 승부조작 사건이 국내 장애인스포츠에서도 발생하고 있음에도 불구하고 사회적으로 크게 이슈화되지 않고 있다.

- **저항형**

  높은 수준의 제도적 지원의 영향을 받고 문제의식 수준도 높게 나타남으로써 승부조작 현상을 거부하는 대처 반응이 나타나며, 높은 문제의식 수준과 제도적 지원이 높은 영향으로 인해 승부조작을 거부하게 됨으로써 승부조작 현상에 대해 저항하는 형태가 나타남.

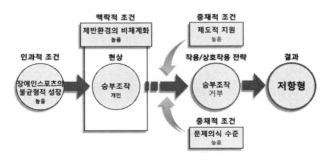

저항형 승부조작 유형.(김민창, 2017)

- **주도형**

  제도적 지원이 낮고 문제의식 수준도 낮게 나타남으로써 승부조작 현상을 수용하는 대처 반응이 나타나며, 낮은 문제의식 수준과 제도적 지원의 낮는 영향으로 인해 승부조작을 수용하게 됨으로써 승부조작 현상을 적극 주도함.

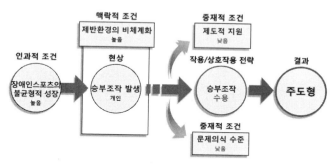

주도형 승부조작 유형. (김민창, 2017)

• **관여형**

문제의식 수준은 높지만 제도적 지원의 영향이 낮음으로 인해 승부조작 현상을 수용하는 대처 반응이 나타나며, 장애인스포츠를 대표하는 경기인 출신이거나 전문인력으로서 장애인스포츠에 대한 전문성이 뛰어나 문제의식 수준은 높지만 제도적 지원에 대한 인식의 부족 등으로 인해 승부조작을 수용하는 반응을 보임으로써 다양한 방식으로 승부조작에 관여.

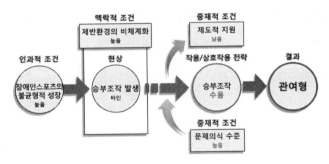

관여형 승부조작 유형. (김민창, 2017)

• **조장형**

제도적 지원의 영향은 높지만 문제의식 수준이 낮음으로 인해 승부조작 현상을 수용하는 대처반응이 나타나며, 종목별 경기단체의 관계자들에게 주로 나타나고 이들은 종목의 시합참가와 대회운영 등의 제도적 지원과 행정을 담당하는 입장이기 때문에 제도적 지원에 대한 이해도가 높지만 스포츠 경기 상황에서 벌어지는 승부조작 관련행위에 대한 문제의식 수준은 낮게 나타남으로 인해 승부조작을 수용, 승부조작을 조장하는 형태.

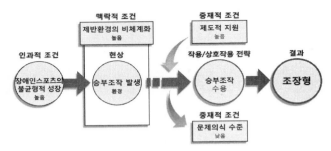

조장형 승부조작 유형. (김민창, 2017)

- **묵인형**

제도적 지원의 영향도 높고 문제의식 수준도 높지만 승부조작 현상을 수용하는 대처반응을 나타내며, 행정조직 관계자들에게 주로 나타나고, 선수 및 지도자 개인에게서도 나타난다. 이는 비도덕적 성장과 제반환경의 비체계화로 인해 공정성이 저하되고 불균형적으로 성장한 국내 장애인스포츠의 체제를 유지하기 위해 승부조작을 수용하는 반응과 승부조작을 묵인.

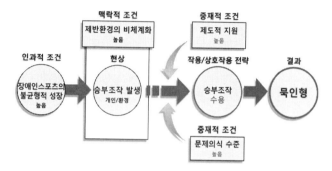

묵인형 승부조작 유형. (김민창, 2017)

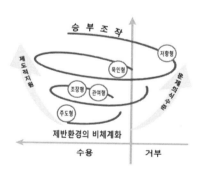

우리나라 장애인스포츠 '승부조작' 상황모형. (김민창, 2017)

4. 장애인스포츠인권

1 장애인스포츠에서의 (성)폭력[20]

스포츠에서의 폭력은 '정신력 강화와 경기력 향상'이라는 잘못된 인식을 가지고 있으며, 훈련의 한 형태로 나타난다. 특히 장애인스포츠의 경우 선수와 지도자, 보호자 등이 함께 생활하며 밀접한 관계를 형성함에 따라 폭력의 내면화 현상이 더 강화될 수 있다. 장애인 비하 행위는 신체·물리적, 언어적, 정서적 폭력 등으로 다양하게 나타나는데 특히 언어적, 정서적 폭력이 가장 높은 비율을 나타낸다. 그

인권침해 경험률

27명(7.5%) 폭력
9명(2.5%) 성폭력
24명(6.7%) 사생활침해

<출처 : 장애인국가대표 선수 인권 실태조사, 대한장애인체육회, 2020>

장애인 비하 행위를 당한 경험

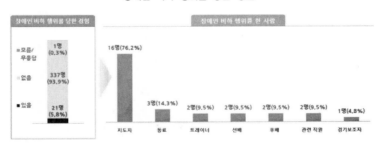

장애인 비하 행위를 당한 경험
- 모름/무응답: 1명(0.3%)
- 없음: 337명(93.9%)
- 있음: 21명(5.8%)

장애인 비하 행위를 한 사람
- 지도자: 16명(76.2%)
- 동료: 3명(14.3%)
- 트레이너: 2명(9.5%)
- 선배: 2명(9.5%)
- 후배: 2명(9.5%)
- 관련 직원: 2명(9.5%)
- 경기보조자: 1명(4.8%)

<출처 : 장애인국가대표 선수 인권 실태조사, 대한장애인체육회, 2020>

대상은 지도자가 가장 많고, 동료, 트레이너, 선배, 후배, 관련직원, 경비보조사의 순서이다.

국가인권위원회가 2019년 장애인 체육선수 주요학대 유형 실태 조사 결과에 따르면 다음과 같은 유형으로 나타난다. 또한 국가인권위원회가 조사한 자료에서도 장애인선수들에 대한 학대 유형 중 협박이나 모욕적인 말을 하는 형태인 언어적 폭력의 유형이 가장 많았다.

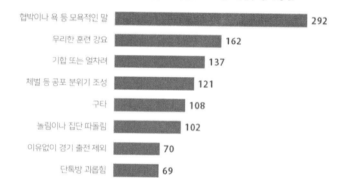

장애인 체육선수 주요학대 유형(단위 : 명)

※지난해 9~10월 장애인체육선수(중고생, 대학생) 1554명 대상, 중복응답

<출처 : 국가인권위원회, 2019>

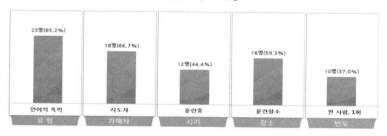

폭력의 주요 유형

<출처 : 장애인국가대표 선수 인권 실태조사, 2020>

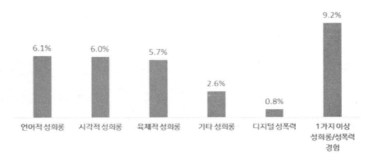

성폭력 유형별 피해 경험률

9.2%

6.1%   6.0%
                      5.7%

                                 2.6%
                                           0.8%

언어적 성희롱 시각적 성희롱 육체적 성희롱 기타 성희롱 디지털 성폭력 1가지 이상
                                                              성희롱/성폭력
                                                              경험

<출처 : 장애인체육선수 인권 실태조사, 2019>

이는 성폭력 유형별 피해에서도 언어적 성희롱이 가장 높고, 시작적, 육체적 성희롱의 순으로 조사되었다.

❷ 장애인스포츠관련 법률[21]

(1) 장애인 차별금지 및 권리구제 등에 관한 법률 제32조[2018. 6. 20.]

- 장애인은 성별, 연령, 장애의 유형 및 정도, 특성 등에 상관없이 모든 폭력으로부터 자유로울 권리를 가진다.
- 괴롭힘 등의 피해를 당한 장애인은 상담 및 치료, 법률구조, 그밖에 적절한 조치를 받을 권리를 가지며, 괴롭힘 등의 피해를 신고하였다는 이유로 불이익한 처우를 받아서는 아니 된다.
- 누구든지 장애를 이유로 학교, 시설, 직장, 지역사회 등에서 장애인 또는 장애인 관련자에게 집단따돌림을 가하거나 모욕감을 주거나 비하를 유발하는 언어적 표현이나 행동을 하여서는 아니

된다.

- 누구든지 장애를 이유로 사적인 공간, 가정, 시설, 직장, 지역사회 등에서 장애인 또는 장애인 관련자에게 유기, 학대, 금전적 착취를 하여서는 아니 된다.
- 누구든지 장애인의 성적 자기결정권을 침해하거나 수치심을 자극하는 언어표현, 희롱, 장애 상태를 이용한 추행 및 강간 등을 행하여서는 아니 된다.
- 국가 및 지방자치단체는 장애인에 대한 괴롭힘 등을 근절하기 위한 인식개선 및 괴롭힘 등 방지 교육을 실시하고 적절한 시책을 강구하여야 한다.

(2) 장애인복지법 법률 제18333호[2021. 7. 27.]

법률명	내 용
제8조 (차별금지 등)	① 누구든지 장애를 이유로 정치 · 경제 · 사회 · 문화 생활의 모든 영역에서 차별을 받지 아니하고, 누구든지 장애를 이유로 정치 · 경제 · 사회 · 문화 생활의 모든 영역에서 장애인을 차별하여서는 아니 된다. ② 누구든지 장애인을 비하 · 모욕하거나 장애인을 이용하여 부당한 영리행위를 하여서는 아니 되며, 장애인의 장애를 이해하기 위하여 노력하여야 한다.
제59조의6 (장애인학대범죄신고인에 대한 보호조치)	장애인학대 및 장애인 대상 성범죄 신고인에 대하여는 「특정범죄신고자 등 보호법」 제7조부터 제13조까지의 규정을 준용한다.
제59조의4 (장애인학대 및 장애인 대상 성범죄 신고의무와 절차)	① 누구든지 장애인학대 및 장애인 대상 성범죄를 알게 된 때에는 제59조의11에 따른 중앙장애인권익옹호기관 또는 지역장애인권익옹호기관(이하 "장애인권익옹호기관"이라 한다)이나 수사기관에 신고할 수 있다. ② 다음 각 호의 어느 하나에 해당하는 사람은 그 직무상 장애인학대 및 장애인 대상 성범죄를 알게 된 경우에는 지체 없이 장애인권익옹호기관 또는 수사기관에 신고하여야 한다. 1. 「사회보장급여의 이용 · 제공 및 수급권자 발굴에 관한 법률」 제43조에 따른 사회복지전담공무원 및 「사회복지사업법」 제34조에 따른 사회복지시설의 장과 그 종사자(사회복지시설에서 복무하는 「병역법」 제2조제1항제10호에 따른 사회복무요원을 포함한다) 2. 제32조의4에 따라 서비스 지원 종합조사를 하는 자와 「장애인활동 지원에 관한 법률」 제16조에 따른 활동지원인력 및 같은 법 제20조에 따른 활동지원기관의 장과 그 종사자 3. 「의료법」 제2조제1항의 의료인 및 같은 법 제3조제1항의 의료기관의 장 4. 「의료기사 등에 관한 법률」 제1조의2의 의료기사 5. 「응급의료에 관한 법률」 제36조의 응급구조사 6. 「119구조 · 구급에 관한 법률」 제2조제4호에 따른 119구급대의 대원 7. 「정신건강증진 및 정신질환자 복지서비스 지원에 관한 법률」 제3조제3호에 따른 정신건강복지센터, 같은 조 제5호에 따른 정신의료기관, 같은 조 제6호에 따른 정신요양시설 및 같은 조 제7호에 따른 정신재활시설의 장과 그 종사자 8. 「영유아보육법」 제10조에 따른 어린이집의 원장 등 보육교직원 9. 「유아교육법」 제20조에 따른 교직원 및 같은 법 제23조에 따른 강사 등 10. 「초 · 중등교육법」 제2조에 따른 학교의 장과 그 종사자 11. 「학원의 설립 · 운영 및 과외교습에 관한 법률」 제6조에 따른 학원의 운영자 · 강사 · 직원 및 같은 법 제14조에 따른 교습소의 교습자 · 직원 12. 「성폭력방지 및 피해자보호 등에 관한 법률」 제10조에 따른 성폭력피해상담소, 같은 법 제12조에 따른 성폭력피해자보호시설 및 같은 법 제18조에 따른 성폭력피해자통합지원센터의 장과 그 종사자

법률명	내 용
제59조의4 (장애인학대 및 장애인 대상 성 범죄 신고의무 와 절차)	13. 「성매매방지 및 피해자보호 등에 관한 법률」 제9조에 따른 지원시설의 장과 그 종사자 및 같은 법 제17조에 따른 성매매피해상담소의 장과 그 종사자 14. 「가정폭력방지 및 피해자보호 등에 관한 법률」 제5조에 따른 가정폭력 관련 상담소의 장과 그 종사자 및 같은 법 제7조의2에 따른 가정폭력피해자보호시설의 장과 그 종사자 15. 「건강가정기본법」 제35조에 따른 건강가정지원센터의 장과 그 종사자 16. 「다문화가족지원법」 제12조에 따른 다문화가족지원센터의 장과 그 종사자 17. 「아동복지법」 제10조의2에 따른 아동권리보장원 및 「아동복지법」 제48조에 따른 가정위탁지원센터의 장과 그 종사자 18. 「한부모가족지원법」 제19조의 한부모가족복지시설의 장과 그 종사자 19. 「청소년 기본법」 제3조제6호의 청소년시설의 장과 그 종사자 및 같은 조 제8호의 청소년단체의 장과 그 종사자 20. 「청소년 보호법」 제35조에 따른 청소년 보호 · 재활센터의 장과 그 종사자 21. 「노인장기요양보험법」 제2조제5호의 장기요양요원 및 같은 법 제14조에 따라 장기요양인정 신청의 조사를 하는 자 22. 「평생교육법」 제20조의2에 따른 장애인평생교육시설의 장과 그 종사자 ③ 삭제 ④ 보건복지부장관은 제2항에 따른 신고의무자에게 장애인학대 및 장애인 대상 성범죄의 신고 절차와 방법 등을 안내하여야 한다. ⑤ 국가와 지방자치단체는 장애인학대 및 장애인 대상 성범죄를 예방하고 수시로 신고를 받을 수 있도록 필요한 조치를 하여야 한다. ⑥ 제2항 각 호에 따른 소관 중앙행정기관의 장은 제2항 각 호의 어느 하나에 해당하는 사람의 자격 취득 과정이나 보수교육 과정에 장애인학대 및 장애인 대상 성범죄 예방 및 신고의무에 관한 교육 내용을 포함하도록 하여야 하며, 그 결과를 보건복지부장관에게 제출하여야 한다. ⑦ 제2항에 따른 신고의무자가 소속된 기관 · 시설 등의 장은 소속 장애인학대 신고의무자에게 신고의무에 관한 교육을 실시하고, 그 결과를 관계 중앙행정기관의 장에게 제출하여야 한다. ⑧ 제4항에 따른 신고 절차 · 방법 등의 안내, 제5항에 따른 조치, 제6항 및 제7항에 따른 교육 내용 · 시간 · 방법 등은 대통령령으로 정한다.

(3) 대한장애인체육회 법제상벌위원회 규정[22]

대한장애인체육회 법제상벌위원회 규정

1. 일반기준

가. 징계의 정도에 있어 규정에서 별도로 정한 경우를 제외하고는 이 별표 기준에 따른다.
나. 징계기준은 다음과 같이 정의한다.
  1) "징계 혐의가 인정되나 극히 경미한 경우"란 비위의 정도가 극히 약하고 경과실인 경우, 비위행위로 인하여 발생한 피해가 극히 경미한 경우를 말한다.
  2) "경미한 경우"란 비위의 정도가 약하고 경과실인 경우, 피해액이 경미한 경우, 비위행위로 인하여 발생한 피해가 경미한 경우를 말한다.
  3) "중대한 경우"란 비위의 정도가 심하거나 고의가 있는 경우, 중과실인 경우, 비위행위로 인하여 발생한 피해가 중대한 경우를 말한다.
  4) 단, "2. 개별기준"에 따라 징계 양정 시 아래 위반행위별 '주요 혐의내용(예시)'은 "중대한 경우"로 판단하여야 한다.

위반행위별 징계기준(제26조제2항 관련)

위반행위	주요 혐의내용(예시)
다. 폭력	운동용기구를 사용하여 중한 상해를 입힌 경우, 운동용기구가 아닌 위험한 물건(흉기 등)을 사용하여 폭행한 경우, 상습적으로 폭행한 경우, 2명 이상 집단으로 폭행한 경우 등
라. 성추행 등 행위	반복적인 경우, 인적 신뢰관계를 이용한 경우, 피해자가 미성년자인 경우, 성적 수치심을 일으키는 사진이나 동영상을 유출·유포한 경우 등
마. 성희롱 등 행위	반복적인 경우, 인적 신뢰관계를 이용한 경우, 개인의 성적 정보를 유출·유포한 경우, 피해자가 미성년자인 경우 등

다. 위반행위를 불문하고 2회 위반자에 대해서는 해당 징계기준의 2배 이상 가중 처분하며, 3회 위반한 자에 대해서는 제명 또는 파면한다.

2. 개별기준

위반행위	징계대상	징계기준
라. 폭력1)	지도자 선수 심판 임원/회원	· 징계 혐의가 인정되나 극히 경미한 경우2): 1년 미만의 출전정지 또는 자격정지 · 경미한 경우: 1년 이상 3년 미만의 출전정지 또는 1년 이상 3년 미만의 자격정지 · 중대한 경우: 3년 이상의 출전정지, 3년 이상의 자격정지 또는 영구제명

위반행위	징계대상	징계기준
아. 선수에 대한 기본권 침해(정당한 휴식권, 수업권 등)	지도자	· 출전정지 3개월이상 자격정지 2년이하
	선수	· 출전정지 1개월이상 자격정지 2년이하
	심판	· 자격정지 2년 이하
	임원/회원	· 자격정지 2년 이하

나가며

지금까지 장애인스포츠윤리에 대해 알아보았다. 결국 스포츠윤리에 있어 장애인과 비장애인의 스포츠는 다른 잣대로 가치를 논할 수 없다는 것을 확인할 수 있다. 장애인스포츠가 가진 특수성에 의해 나타나는 윤리적 제문제가 비장애인스포츠와는 다른 양상을 보이지만 결국 '공정성', '페어플레이', '옳고 그름'의 문제들은 하나의 공통된 시각에서 가치판단의 문제를 논해야 할 것이다. 장애와 비장애의 경계를 나누는 것이 아닌 하나의 스포츠로서의 스포츠에 가치를 더욱 견고히 쌓아올릴 윤리적 기틀을 다지는 것이 중요한 시점이라 할 수 있다.

주

01 스포츠윤리학의 기초

1 조현봉(2013). 윤리문화적 접근방법에 관한 고찰. 윤리문화연구, 9, 37 - 69. p.39.

2 강성민(2013). 영미 스포츠철학과 스포츠윤리학의 동향. 한국체육철학회지, 21(2), 97 - 113; 박성주(2014). 스포츠윤리의 이론적 기초. 한국체육철학회지, 22(3), 77 - 97; 송형석(2015). 체육철학의 연구동향: 한국체육철학회지를 중심으로. 체육과학연구, 26(1), 1 - 14.

3 박성주(2016). 스포츠윤리교육 프로그램 개발 및 적용. 한국체육학회지, 53(1), 37 - 47.

4 Reid, H. (2012). Athletic Beauty in Classical Greece: A Philosophical View. Journal of the Philosophy of Sport, 39(2), 281 - 297.

5 Holt, R. (1989). Sport and the British: A Modern History. Oxford: Clarendon; Mangan, J. (1981). Athleticism in the Victorian and Edwardian Public School. Cambridge: Cambridge University Press; Mangan, J. (1987). Manliness and Morality. Manchester: Manchester University Press; McIntosh, P. (1979). Fair Play: Ethics in Sport and Education. London: Heinemann; McNamee, M. (2017). Ethics and Sport. In M. McNamee & W. Morgan (Eds.), Routledge Handbook of the Philosophy of Sport (pp. 131 - 141). New York, NY: Routledge; Renson, R. (2009). Fair Play: Its Origins and Meanings in Sport and Society. Kinesiology, 41, 15 - 18.

6 DaCosta, L. (2006). A Never - Ending Story: The Philosophical

Controversy over Olympism. Journal of the Philosophy of Sport, 33(2), 157‑173; McLaughlin, D., & Torres, C. (2011). A Moral Justification for a More Inclusive Olympic Program. Olympika, 20, 55‑78; McNamee. M. (2006). Olympism, Eurocentricity, and Transcultural Virtues. Journal of the Philosophy of Sport, 33(2), 174‑187; McNamee, M., & Parry, J. (Eds.) (1998). Ethics and Sport. Abingdon: Roudledge; Parry, J. (2006). Sport and Olympism: Universals and Multiculturalism. Journal of the Philosophy of Sport, 33(2), 188‑204.

7   Ryall, E. (2016). Philosophy of Sport: Key Questions. New York, NY: Bloomsbury.

8   McNamee(2017). 위의 책, p.134.

9   McNamee(2017). 위의 책, p.137.

10 Ryall, E. (2016). Philosophy of Sport: Key Questions. New York, NY: Bloomsbury.

11 Boxill, J. (2003). Sports Ethics: An Anthology. Oxford: Blackwell; McNamee. M. (2010). The Ethics of Sport: A Reader. Abingdon: Routledge; Morgan, W. (Ed.) (2018). Ethics in Sport (3rd ed.). Champaign, IL: Human Kinetics.

12 McNamee, M. (2017). 위의 책, p.135.

13 김지호, 김재형, 박성주(2017). 스포츠윤리 연구동향 분석: 한국체육철학회지를 중심으로. 한국체육철학회지, 25(3), 59‑77.

14 김지호, 김재형, 박성주(2017). 위의 논문.

15 McNamee, M. (2017). 위의 책, p.139.

16 Loland, S. (2002). Fair Play in Sport: A Moral Norm System. London: Routledge.

17 Rawls, J. (1971). A Theory of Justice. Cambridge: Harvard University Press.

18 McNamee(2017). 위의 책; Morgan, W. (2017). Conventionalism and Sport. In M. McNamee & W. Morgan (Eds.), Routledge Handbook of

the Philosophy of Sport (pp. 35 -52). New York, NY: Routledge; Russell, J. (2018). Broad Internalism and the Moral Foundations of Sport. In W. Morgan (Ed.), Ethics in Sport (3rd Ed.) (pp. 77 -92). Champaign, IL: Human Kinetics.

19 Tamburrini, C. (1998). Sport, Fascism and the Market. Journal of the Philosophy of Sport, 25, 35 -47; Tännsjö, T. (1998). Is our Admiration for Sports Heroes Fascistoid? Journal of the Philosophy of Sport, 25(1), 23 -34; Tamburrini, C., & Tännsjö, T. (2000). Values in Sport: Elitism, Nationalism, Gender Equality and the Scientific Manufacture of Winners. London: E & FN Spon.

20 McNamee, M. (2017). 위의 책; Moller, V. (2009). The Ethics of Doping and Anti -doping: Redeeming the Soul of Sport? Abingdon: Routledge; Radford, C. (1988). Utilitarianism and the Noble Art. Philosophy, 63(243), 63 -81; Russell, J. (2005). The Value of Dangerous Sport. Journal of the Philosophy of Sport, 32(1), 1 -19.

21 Arnold, P. (1997). Sport, Ethics and Education. London: Bloomsbury; Feezell, R. (2004). Sport, Play and Ethical Reflection. Urbana, IL: University of Illinois Press; Gough, R. (1995). On Reaching First Base with a 'Science' of Moral Development in Sport: Problem with Scientific Objectivity and Reductivism. Journal of the Philosophy of Sport, 22(1), 11 -25; Holowchak, M., & Reid, H. (2011). Aretism. New York: Lexington; McNamee. M. (2008). Sports, Virtues and Vices: Morality Plays. Abingdon: Routledge.

22 MacIntyre, A. (1984). After Virtue (2nd ed.). Norte Dame, IN: University of Notre Dame Press.

23 Feezell, R. (2013). Sport, Philosophy and Good Lives. Lincoln, NE: University of Nebraska Press.

24 Arnold, P. (1997). 위의 책; Dombrowski, D. (2009). Contemporary Athletics and Ancient Greek Ideas. Chicago, IL: University of Chicago Press; McNamee, M. (2008). 위의 책; Morgan, W. (2017). 위의 책;

Reid, H. (2012). 위의 논문.

25 Morgan, W. (2006). Why Sports Morally Matter. Abingdon: Routldege.

26 Kretchmar, S. (1998). Soft Metaphysics: A Precursor to Good Sports Ethics. In M. McNamee & J. Parry (Eds.) Ethics and Sport (pp. 19 - 34). Abingdon: Routledge.

27 김정효(2013). 스포츠윤리 담론의 한계와 과제에 대한 고찰. 한국체육철학회지, 21(1), 97 - 114.

28 McNamee, M. (2017). 위의 책.

29 류상일, 고은별, 양기근(2014). 융합학문으로서의 소방학의 학문적 정체성 재정립에 관한 연구. 한국위기관리논집, 10(3), 135 - 147.

30 McNamee, M. (2017). 위의 책, p.139.

31 Hiller, H. (2000). Mega - events, Urban Boosterism and Growth Strategies: An Analysis of the Objectives and Legitimations of the Cape Town Olympic Bid. International Journal of Urban and Regional Research, 24(2), 449 - 58; Preuss, H. (2007). The Conceptualization and Measurement of Mega Sport Event Legacies. Journal of Sport and Tourism, 12(3 - 4), 207 - 27.

32 Kuhn, T. (1996). The Structure of Scientific Revolutions (3rd Ed.). Chicago: University of Chicago Press.

33 류상일, 고은별, 양기근(2014). 위의 논문.

34 심승환(2013). 교육철학 연구의 학문지도. 교육사상연구, 27(3), 241 - 274.

02 스포츠와 공정

1 박성주(2018). 유전자조작 기술과 스포츠윤리 쟁점 연구. 체육과학연구, 29(2), 344 - 353.

2 임다연, 박성주(2021). 스포츠 속 공정에 관한 비판적 고찰: McKinnon의 주장을 중심으로. 한국체육학회지, 60(1), 1-12.

3   김진훈(2016). 스포츠의 공정성과 권력의 철학적 접근과 해석. 한국체육학회지, 55(6), 487-496.

4   하영태(2014). 스포츠불공정행위의 내용과 공정성제고 방안에 대한 검토. 經營法律, 25(2), 207-228.

5   임석원(2017). 스포츠에서의 공정성과 평등. 철학탐구, 46, 201-231.

6   박성주(2018). 유전자조작 기술과 스포츠윤리 쟁점 연구. 체육과학연구, 29(2), 344-353.

7   이승훈(2010). 반도핑 정책의 분석 및 실행 과제 탐색. 국내석사학위논문, 영남대학교 대학원.

8   이승훈, 김동규(2011). 도핑의 변천과 반도핑의 정당성 논의. 한국체육철학회지, 19(1), 15-32.

9   박보현, 김낭규(2016). 도핑의 재해석: 울리히 백의 성찰과 근대성을 중심으로. 한국융합과학회지, 5(S), 21-34.

10   이주연(2019.06.18). 스포츠 윤리에서 도핑의 문제성. 뉴스라이즈. http://www.newsrise.co.kr/news/articleView.html?idxno=38142

11   임석원, 손환(2009). 스포츠 윤리에서 도핑의 문제와 공정성. 철학탐구, 25, 215-246.

12   Tannsjo, T. (2005). Genetic engineering and elitism in sport. In C. Tamburrini & T. Tännsjö (Eds.), Genetic technology and sport: Ethical questions (pp. 57-69). New York: Routledge.

13   추병완(2015). 인간 향상의 도덕교육적 함의. 도덕윤리과교육, 47, 55-82.

14   박성주(2020). 스포츠의 도덕적 한계와 전략적 반칙 옹호. 한국체육철학회지, 28(2), 41-53.

15   박성주(2015). 스포츠 속 폭력적 보복행위 정당화에 대한 비판적 고찰. 한국체육철학회지, 23(1), 85-101.

16   이상호(2015). 체육철학: 무도에서 기가 갖는 함의-현상학적 몸 자신. 한국체육철학회지, 23(1), 63-83.

17   Russell, J. S. (2017). Strategic Fouling and Sport as Play. Sports, Ethics,

and Philosophy, 11(1), 26 - 39.

18 손석정(2013). 스포츠의 승부조작 실태와 그 대처 방안에 관한 연구. 스포츠와 법, 16(1), 83 - 103.

19 정준영(2020). 열광하는 스포츠 은폐된 이데올로기. 서울: 책세상.

20 Brohm, Jean Marie(1978). Sport, a prison of measured time. England: Ink Links Ltd.

21 박성주(2018). 유전자조작 기술과 스포츠윤리 쟁점 연구. 체육과학연구, 29(2), 344 - 353.

22 정준영(2011). 위의 책.

23 정준영(2011). 위의 책.

24 임석원(2017). 위의 논문.

25 임다연, 박성주(2021). 위의 논문.

26 임다연, 박성주(2021). 위의 논문.

27 Carr, D. (1999). Where's the Merit if the Best Man Wins? Journal of the Philosophy of Sport, 26(1), 1 - 9.

28 Dixon, N. (1999). On Winning and Athletic Superiority. Journal of the Philosophy of Sport, 26(1), 10 - 26.

29 Nagel, Thomas (1979): Mortal Question, New York: Cambridge University Press.

30 Loland, S. (2002). Fair Play in Sport: A Moral Norm System. New York, NY: Routledge.

31 황경식(2018). 존 롤즈 정의론. 서울: ㈜쌤앤파커스

32 김용선, 박성주(2021). 페이스메이커의 도덕적 정당성에 관한 비판적 고찰. 한국체육철학회지, 29(4), 45-55.

33 Rawls, J. (1971). A Theory of Justice. Cambridge, MA: Harvard University Press.

03 스포츠와 도핑

1 Engelberg, T., & Skinner, J. (2016). Doping in Sport: Whose problem is it? Sport Management Review, 19(1), 1‑5.

2 류지영(2021). 스포츠에 있어서 도핑의 형사책임. 원광법학, 37(1), 23‑42.

3 Chrysopoulos, P. (2016.08.12). Doping in Ancient Greece Olympic Games. Greek Reporter. Retrieved on March 12, 2020 from https://greece.greekreporter.com/ 2016/08/12/doping‑in‑ancient‑greece‑olympic‑games/; Yesalis, C., & Bahrke, M. (2002). History of Doping in Sport. International Sports Studies, 24(1), 42‑76.

4 김동창(2017). 인간 향상의 윤리적 쟁점과 도덕교육적 의미. 윤리교육연구, 44, 25‑58.

5 Loland, S. (2018). Performance‑enhancing drugs, sports, and the ideal of natural athletic performance. The American Journal of Bioethics, 18(6), 8‑15.

6 Brown, W. M. (2009). The Case for Perfection. Journal of the Philosophy of Sport, 36(2), 127‑139.

7 추병완(2018). 약리학적 인지 향상의 찬반양론. 도덕윤리과교육, 59, 105‑127.

8 Jones, C. (2015). Doping as Addiction: Disorder and Moral Responsibility. Journal of the Philosophy of Sport, 42(2), 251‑267; Miah, A. (2004). Genetically modified athletes: biomedical ethics, gene doping and sport. New York: Routledge; Tamburrini, C. (2005). Educational or genetic blueprints, what's the difference? In C. Tamburrini & T. Tännsjö (Eds.), Genetic technology and sport: ethical questions (pp. 82‑90). London; New York: Routledge; Tännsjö, T. (2005). Genetic engineering and elitism in sport. In C. Tamburrini & T. Tännsjö (Eds.), Genetic technology and sport: ethical questions (pp. 57‑69). London; New York: Routledge.

04 스포츠와 동물윤리

1 지인배, 김현중, 김원태, 서강철(2017). 반려동물 연관산업 발전방안 연구. 한국농촌경제연구원 기본연구보고서.

2 농림축산식품부(2020). 『2019년 동물보호에 관한 국민의식 조사 결과』

3 김성한 역(2012) / P. Singer. (2009). 동물해방(개정완역판). 고양: 연암서가.

4 유정민 역(2014). 동물의 권리. 서울: 이숲.

5 노승영 역(2012). 동물과 인간이 공존해야하는 합당한 이유들. 서울: 시대의창.

6 최훈(2011). 동물의 도덕적 지위와 종 차별주의. 인간·환경·미래, 6, 87-111.

7 이승훈, 이정식(2013). 스포츠에서 나타난 종차별주의와 동물의 도덕적 지위 문제. 움직임의 철학: 한국체육철학회지, 21(4), 85-103.

8 노승영 역(2012) / P. Singer. (2006). 동물과 인간이 공존해야하는 합당한 이유들. 서울: 시대의창.

9 황경식, 김성동 역(2013) / P. Singer. (2011). 실천윤리학(제3판). 고양: 연암서가.

10 허남결(2009). 환경윤리의 관점과 육식문화의 반성: 육식 선호의 습관을 포기하고, 채식 위주의 식사를 고려할 때인가? 佛教研究, 30, 257-307.

11 최훈(2014). 동물의 도덕적 지위와 육식은 동시에 옹호 가능한가? 철학탐구, 36, 207-241.

12 장기수, 안종수, 최신한, 최양석, 장용수, 이병옥,양태범, 박순영, 유헌식, 한정길, 손흥철, 이경희, 김희봉, 나종석(2007). 동서사상의 만남. 서울: 동과서.

13 이승훈, 김동규(2016). 스포츠계 동물보호법 적용의 쟁점과 과제. 움직임의 철학: 한국체육철학회지, 24(2), 23-41.

14 김동규(2013). 세계체육사(증보판). 경산: 영남대학교 출판부.

15 한국체육사학회(2016). 체육과 스포츠의 역사(개정2판). 진주: 경상대학

교 출판부.

16 이승훈(2020). 동물 활용 스포츠의 역사와 철학적 재조명. 움직임의 철학: 한국체육철학회지, 28(2), 55-68.

17 『論語』「述而」 '子 釣而不網 弋不射宿'

18 임웅(2004). 로마의 하층민. 서울: 한울 아카데미.

19 천명선(2019.06.29.). 툇마루·부뚜막 옆에 살던 고양이. 지금은 어디 있나요. 한국일보. https://www.hankookilbo.com/News/Read/ 2019062709 18773196? did= NA&dtype=&dtypecode=&prnewsid=

20 한국체육사학회(2016). 체육과 스포츠의 역사(개정2판). 진주: 경상대학교 출판부.

21 김동규(2013). 세계체육사(증보판). 경산: 영남대학교 출판부.

22 이형주(2016). 사향고양이의 눈물을 마시다. 서울: 책공장더불어.

23 이형주(2016). 사향고양이의 눈물을 마시다. 서울: 책공장더불어.

24 최병규(2020.01.22.). 거위 깃털 안 뽑는다...배드민턴 '동물 학대'와 결별. 서울신문. https://www.seoul.co.kr/news/newsView.php?id=2020012 2029024

25 하남길, 박윤회, 이병룡(2010). 배드민턴의 역사. 진주: 경상대학교 출판부.

26 안현모(2016.08.23.). '비둘기 사냥'금메달리스트?...상상초월 올림픽 종목들. SBS NEWS. http://news.sbs.co.kr/news/endPage.do?news_id= N1003745544&plink=ORI& cooper=NAVER

27 양형모(2018.02.21.). 평화의 상징 몰살한 '비둘기 사격'·사람 잡은 '인명구조 경기'. 스포츠동아. https://sports.donga.com/3/all/20180220/887 62951/3

28 이승훈, 이정식(2013). 스포츠에서 나타난 종차별주의와 동물의 도덕적 지위 문제. 움직임의 철학: 한국체육철학회지, 21(4), 85-103.

29 이승훈, 김동규(2016). 스포츠계 동물보호법 적용의 쟁점과 과제. 움직임의 철학: 한국체육철학회지, 24(2), 23-41.

30 이승훈, 이호(2017). 동물해방론 관점에서 본 장애인스포츠의 동물 활용

문제. 움직임의 철학: 한국체육철학회지, 25(3), 15 - 36.

31 이승훈, 이호(2017). 동물해방론 관점에서 본 장애인스포츠의 동물 활용 문제. 움직임의 철학: 한국체육철학회지, 25(3), 15 -36.

32 김명식(2007). 동물실험과 실험. 철학, 92, 231 -256.

05 스포츠와 환경윤리

1 송형석(1997). 체육학의 과제로써 스포츠와 환경. 한국체육학회보, 68, 31 - 36.

2 국토해양부(2010). 마리나항만의 조성 및 관리 등에 관한 법률. 국토해 양부공고 제2010-721호.

3 이정행(2011.12.07.). 정부, '마리나 산업 육성대책' 발표. 에코데일리. http://www.ecolover.co.kr/print_paper.php?number=14984. 2022.10.07. 인출.

4 김상겸(2008). 스포츠에 있어서 환경문제에 관한 연구. 스포츠와 법, 11(3), 29-54.

5 고정아(2019). 미래사회의 환경윤리. 한국도덕윤리과교육학회 학술대회 자료집, 8, 212-215

6 강현철, 최조순(2020). 지속가능발전목표(SDGs) 관점에서 본 해양도시 발전에 대한 탐색적 연구: 부산광역시 사례를 중심으로. 한국지적정보학 회지, 22(3), 134-146; 고정아(2019). 위의 논문, p. 213.

7 송명규(2004). 현대 생태사상의 이해. 서울: 도서출판 따님.

8 송명규(2004). 위의 책.

9 최재천(2019). "혼자만 잘 살믄 무슨 재민겨" 생물다양성과 호모 심비우 스. 환경정보, 413, 2-5.

06 장애인스포츠와 윤리

1 안재찬(2022). 장애인스포츠 인권침해현황과 과제. 한국체육철학회지, 30(4), 77-84.

2 본 내용은 이용호의 논문「장애인체육에서 윤리문제 해결 방안으로써의

윤리강령과 윤리교육에 대한 고찰」, 한국특수체육학회지 제22권 제2호에서 발췌·편집하였음.

3   이용호(2014). 장애인체육에서 윤리문제 해결 방안으로써의 윤리강령과 윤리교육에 대한 고찰. 한국특수체육학회지, 22(2), 119-128.

4   Lee, Y., Cripps, D., Malloy, D. C., & Cox, S.(2011). Code of ethics: Is it time to reconsider? Annual in TherapeuticRecreation, 19, 140-149.

5   박주한(2013). 스포츠윤리 교육의 필요성과 운영방안. 한국체육정책학회지, 11(1), 91-99.

6   이원섭, 김지태(2012). 특수체육 전공자들의 윤리적 민감성에 영향을 미치는 요인 분석. 한국특수체육학회지, 20(1), 1-13.

7   Kelly, L. E. (1995). Adapted physical educationnational standards. Champaign, IL: Human Kinetics Publishers.

8   Am erican Therapeutic R ecreation Association. (2000). Standards of the practice of therapeutic recreation and self-assessment guide. Alexandria, VA:Author.

9   Nisbett, N., Brown-Welty, S., & O'Keefe, C.(2002). A study of ethics education within therapeutic recreation curriculum. Therapeutic Recreation Journal, 36(3), 282-295.

10 맹광호(2008). 한국의과대학에서의 의료윤리교육현황 분석. 의료윤리교육, 6(1), 1-14.

11 본 내용은 나은우가 기고한 『스포츠과학』 2009년 제109호 '스포츠 현장-장애인 스포츠 등급 분류: 엘리트 선수가 되기 위한 첫 관문'에서 발췌·편집하였음.

12 하영태(2014). 스포츠불공정행위의 내용과 공정성제고 방안에 대한 검토. 한국스포츠엔터테인먼트법학회 학술발표논문집, 25-37.

13 이주화(2015). 니클라스 루만의 사회적 체계 이론에 기초한 경쟁스포츠 승부조작에 관한 연구. 미간행 박사학위논문, 계명대학교 대학원.

14 임수원(2012). 남자 고교 엘리트스포츠 승부조작의 실상과 근절방안. 한국체육학회지, 51(4), 55-68.

15 박성주(2007). 스포츠에서의 약물복용에 대한 공정성 논쟁. 한국체육학회지, 46(6), 31-40.

16 연기영(2015). 스포츠경기에 있어서 공정성과 청렴성에 대한 법적 문제-승부조작에 대한 법적 책임을 중심으로. 스포츠와 법, 18(4), 173-203.

17 문화체육관광부(2015). 2014 체육백서. 서울: 문화체육관광부.

18 본 내용은 김민창의 논문「장애인스포츠 공정한가? : 승부조작의 근거이론적 접근」, 한국체육대학교 박사학위논문에서 발췌·편집하였음.

19 최승권, 한동기, 김권일(2004). 장애인 엘리트체육에 대한 장애인 엘리트선수의 인식 조사. 특수체육연구, 2, 29-46.

20 대한장애인체육회(2020). 장애인 국가대표 선수 인권 실태조사.
국가인권위원회(2019). 2019 국가인권위원회 결정례집.

21 국가법령센터(2022). 장애인복지법, 장애인차별금지법

22 대한장애인체육회(2022). 대한장애인체육회 홈페이지.

스포츠, 윤리를 마주하다

초판 인쇄 | 2023년 8월 20일
초판 발행 | 2023년 8월 25일

지은이 | 박성주·임다연·이승훈
장재용·안재찬
펴낸이 | 조승식
펴낸곳 | (주)도서출판 **북스힐**

등 록 | 1998년 7월 28일 제22-457호
주 소 | 서울시 강북구 한천로 153길 17
전 화 | (02) 994-0071
팩 스 | (02) 994-0073

홈페이지 | www.bookshill.com
이메일 | bookshill@bookshill.com

정가 15,000원

ISBN 979-11-5971-524-2